Hanni Mittelmann

Die Utopie
des weiblichen Glücks
in den Romanen
Theodor Fontanes

PETER LANG

Bern · Frankfurt am Main · Las Vegas

CIP-Kurztitelaufnahme der Deutschen Bibliothek

Mittelmann, Hanni:
Die Utopie des weiblichen Glücks in den Romanen Theodor Fontanes /
Hanni Mittelmann. – Bern, Frankfurt am Main, Las Vegas : Lang, 1980.
    (Germanic Studies in America ; No. 36)
    ISNB 3-261-04738-0

© Peter Lang Publishers Ltd., Berne 1980
Successors of Herbert Lang & Co., Ltd., Berne

Printed by fotokop wilhelm weihert KG, Darmstadt

Meiner Mutter in Liebe und Dankbarkeit gewidmet

Besonderen Dank möchte ich Herrn Professor Ehrhard Bahr aussprechen, der die Entstehung der Arbeit mit stets reger Anteilnahme und wertvollen Hinweisen begleitete.

INHALT

Einleitung   9

I.   Victoire von Carayon   17

II.   Cecile   31

III. Effi Briest   47

IV.   Melanie van der Straaten   63

V.   Frau Jenny Treibel und Corinna   79

VI.   Lene und Stine   95

Schlussbemerkungen   113

Bibliographie   117

Nachwort   125

Die geistige Persönlichkeit Theodor Fontanes und das Wesen seines Werkes haben immer wieder wechselnde Auslegungen erfahren. Neue Bewusstseinslagen, gewandelte Normen und neue methodische Erfahrungen führten zu Auflockerung konventionalisierter Urteile, Erschütterung erstarrter Positionen und darüber hinaus zu neuen, unerwarteten Einblicken in Fontane und sein Werk.

Das Urteil über Fontane geht von der Einschätzung Fontanes als pietätvollen Bewahrers der Tradition um jeden Preis zum Bild Fontanes als mutigen Verfechters des Neuen, von Fontane, dem völlig unpolitischen Dichter, der alles verplaudert habe, zu Fontane, dem demokratischen Revolutionär.

Mehrere Forschungsberichte, von denen die neuesten und wichtigsten diejenigen von Fritz Martini, Charlotte Jolles und Wolfgang Preisendanz sind[1], belegen dieses in Veränderung begriffene Fontanebild.

Während 1946 Erich Auerbach in seinem Buch <u>Mimesis</u> Fontanes gesellschaftlichem Realismus noch jede Tiefe absprach, begann man gerade um diese Zeit, den ernsthafteren zeit- und gesellschaftskritischen Gehalt von Fontanes Romanen zu erkennen[2]. Die marxistische Literaturkritik nahm sich des Werkes Fontanes an, und Georg Lukács bescheinigte ihm in seiner Studie "Der alte Fontane" soziologischen Scharfblick, wenn er auch zur gleichen Zeit die These von der "Halbheit" der soziologischen Position Fontanes aufstellte[3]. Zumindest aber wurde damit die Formel des "Heiteren Darüberstehens", die mit der Ausgabe von Fontanes Familienbriefen 1937 eingeführt und seitdem oft unkritisch auf Fontane und sein Werk angewandt wurde, in Frage gestellt.

Spätestens mit der Ausgabe von Fontanes <u>Briefwechsel mit Georg Friedländer</u> wurde diese Formel endgültig wiederlegt: "Die 276 Briefe bezeugen ... eine beständig bedrohte, relativierende Balance im zeitlichen Spannungsfeld zwischen dem Alten und Neuen, die im Alter mehr und mehr sich dem Jungen, Zukünftigen, selbst kommenden Revolutionen näherte."[4] Seit der Ausgabe dieser Briefe ist der gesellschaftskritische Aspekt von Fontanes Werk nicht mehr zu übersehen.

Lukács' Urteil über Fontane als eines Dichters, der die Morbidität und Schwäche der Reste der feudalen und bürgerlichen Gesellschaft zwar erkannte, aber gleichwohl mit ihnen sympathisierte und der seine Kritik, die agressiv und zur Hinwendung zum Neuen entschlossen hätte sein sollen, in müden Humor aufgelöst habe[5], entfachte in der Literaturforschung der sechziger Jahre eine engagierte Diskussion über die ideologischen Implikationen des Fontane-Werkes.

Die dichterische Aussage der Fontane-Romane ist immer wieder als ambivalent erkannt worden. Ambivalenz ist fast schon zum Stichwort der Fontaneforschung geworden. Während Georg Lukács die Ambivalenz Fontanes als "politische Gesinnungslosigkeit" und "erschreckende Haltlosigkeit" auslegte[6], Walter Müller-Seidel in seinem Aufsatz "Gesellschaft und Menschlichkeit" meinte, Fontane habe im Verzicht auf eine eindeutige Stellungnahme den Gesellschaftskritiker in sich überspielt[7], und Fritz Martini die ganze Frage in den Bereich der Ästhetik zu verlegen versuchte - "Fontanes Widersprüche und 'Verklärungen' haben nichts mit Stimmungen oder Ressentiments, sondern mit den von ihm behaupteten eigenen Forderungen der objektivierten künstlerischen Form zu tun"[8] –, sehen viele Studien gerade in Fontanes sogenannter Ambivalenz ein konkretes sozialkritisches Anliegen verwirklicht.

So erkennt H.R. Klieneberger:

"While there is found in several stories, an independence from society and its conventions which is self-destructive and a symptom of a deficient sense of reality, those characters who accept conventions as binding to the extent that they become mere functions of society ... are exposed in their utter unoriginality as immature and inadequate to the demands of life. Those characters in Fontane's work who exercise an independent and modifying influence on society have first had to become free from conventions."[9]

Als bahnbrechend kann wohl Karl Richters Studie Resignation angesehen werden, in der er ausführte, dass Fontane die Probleme der Gesellschaft sichtbar machte, indem "der Dichter unter die Oberfläche der Erscheinungen [drang] ... und sich zugleich eine Phase jener Wahrheitsfindung [bezeugte], wie sie Fontane als das Anliegen aller Kunst verstand"[10].

Wo Lukacs bei Fontane allein müden resignierenden Humor und ein "Sich-Abfinden mit den Tatsachen des kapitalistischen Lebens" entdeckte[11], sieht Karl Richter "die Doppelgesichtigkeit der Resignation, jenes Zugleich von Unterwerfung und bewusster Entscheidung"[12]. Weiterhin deutet Richter darauf hin, dass "der Abstand gegenüber der Gesellschaft ... in der Unterwerfung nicht aufgehoben, sondern eher vertieft [wird]" und dass "die Einsicht in die Unzulänglichkeit der Gesellschaft ... zumeist schon im Bewusstsein der Figuren eine Richtung zur Gesellschaftskritik [gewinnt], wie sie in einem noch beträchtlicheren Umfang vom Erzähler geübt wird"[13]. Trotz Resignation bleibt also, so führt Karl Richter in seiner Studie zwingend aus, Skepsis bestehen und bedeutet nicht Sanktion und Reaktion.

Obwohl selbst die neuere marxistische Literaturkritik das "konstitutive Element einer Gesellschaftskritik" bei Fontane anerkennt[14], und das Bild eines konservativen Fontanes, dem es um die Erhaltung des status quo geht, allmählich verblasst, ist Fontane noch keineswegs als gesellschaftspolitisch progressiver Dichter etabliert, vor allem da, wie Walter Müller-Seidel es in seinem Aufsatz "Gesellschaft und Menschlichkeit" ausdrückt, Fontanes subtile Kritik "durchaus die Vision einer Gesellschaftsordnung vermissen [lässt], in der sich ähnliche Konflikte nicht wiederholen können"[15].

Hat Fontane es in seinen Romanen wirklich versäumt, den entscheidenden Schritt über seine Zeit zu tun, wie es auch Georg Lukacs in seinem Aufsatz "Der alte Fontane" behauptet? Ist Lukacs zuzustimmen, wenn er behauptet, "die Kräfte der deutschen Erneuerung liegen völlig ausserhalb seines dichterischen Horizontes ..."[16]? Hat Renate Osiander Recht, wenn sie sagt, dass Fontane das gesellschaftliche Leben nur als völlig erstarrt in überlebten Vorurteilen und Ordnungsformen ohne irgendwelche zukunftsweisenden Züge dargestellt habe[17]?

Eine der Aufgaben der vorliegenden Arbeit wird es sein, zu untersuchen, ob man in Fontanes Romanen von Zukunftsträchtigkeit, von Utopie, sprechen kann. Dabei wird der Begriff des Utopischen im Sinne der Blochschen Definition verstanden, das heisst, "nicht in einem engen, gar nur aufs Schlechte hin bestimmten Sinn dieses Worts (affekthaft unbesonnene Ausmalerei, Spielform abstrakter Art)", sondern als "den natürlichen Gang der Ereignisse überholen[d]", als "Traum nach vorwärts", als "Antizipation überhaupt"[18].

In der Literaturforschung hat man diesen Aspekt des Fontane-Werkes nur am Rande behandelt. Es gibt einige Studien wie die von Karl Richter, die darauf hinweisen, dass der Sinn der Resignation im Werke Fontanes "über die Aussage eines nur pessimistischen und fatalistischen Bewusstseins" hinausdeute[19], und dass es in den Romanen Fontanes Züge gebe, in denen die Richtung auf ein Künftiges und Neues immer schon angelegt waren, wenn auch niemals in der Form einer bestimmten Ideologie, eines politischen Programms, sondern allein in der Hoffnung auf den Menschen und dessen Menschlichkeit[20].

Elisabeth Moltmann-Wendel führt in ihrer Studie Jenseits von Glaube und Skepsis aus, dass der Begriff der Hoffnung im Weltbild Fontanes theologisch verankert sei und auch in seinem Romanwerk eine zentrale Stellung einnehme. Moltmann-Wendel kommt zu dem Schluss, dass Fontane die Geschichte als ein Feld der Hoffnung ansieht und dass es in seinem Werke durchaus das Aufblitzen einer neuen Welt der Freiheit, Natürlichkeit und Gerechtigkeit gibt: "So ist die neue, bessere Welt Utopia und bleibt Gegenstand der Hoffnung, aber indem auf sie gehofft und um sie gelitten wird und der Mensch sich auch in der vergehenden Welt nicht verliert, bleibt sie als eine mehr geahnte, als geschaute Möglichkeit bestehen"[21].

Wo Moltmann-Wendel die Utopie einer ethischeren Welt im Werk Fontanes sieht, findet die neuere marxistische Literaturforschung Züge im Werke Fontanes, die die Vision einer Verbesserung der deutschen sozialen Zustände heraufbeschwören. So weist Peter Goldammer auf das "konstitutive Element einer Gesellschaftskritik" bei Fontane hin, "die das Alte, Überlebte, Untergangsreife nicht schlechthin, sondern im Hinblick auf ein wünschbares, wenn auch noch nicht konkret vor- und darstellbares gesellschaftliches Neues attackiert"[22].

Das Fehlen von konkreten Darstellungen der Veränderungen gesellschaftlicher Verhältnisse oder eines Umsturzes der staatlichen und sozialen Ordnungen haben bisher dazu geführt, dass man die Existenz von zukunftsträchtigen Zügen im Werke Fontanes kaum ins Auge fasste. Ernst Bloch führt in seinem Werk Das Prinzip Hoffnung aus, dass die utopische Realität auch als "Sein der Möglichkeit" bezeichnet werden kann, wobei Mögliches als Latentes durchaus nicht immer schon objektiv vorhanden sein müsse, es daher des Subjekts bedürfe, um erkannt und verwirklicht zu werden[23]. In diesem Sinne braucht also der Begriff Utopie nicht unbedingt immer der Darstellung von Konkretem zugeordnet werden. So ist Bloch auch der Meinung, dass es nicht die Aufgabe der Utopie sei, konkret die einzelnen Schritte zu ihrer Verwirklichung darzustellen. Die Aufgabe der Utopie sei vielmehr, den Wunsch nach deren Verwirklichung hervorzurufen.

Ein häufiger Einwand gegen das Vorhandensein von zukunftsweisenden Zügen im Werk Fontanes ist die Tragik seiner Romane. So sieht Gerhard Friedrich in seinem Aufsatz "Die Frage nach dem Glück bei Fontanes Irrungen, Wirrungen" nur "Ratlosigkeit und Scheitern" am Schluss von Fontanes Romanen stehen und meint, dass nur "Ausweglosigkeit der menschlichen Situation"[24] geschildert werde. Nach den Ausführungen Blochs jedoch lässt gerade die Entbehrung im Jetzt die Sehnsucht auf ein besseres Etwas entstehen[25] und damit die Hoffnung, die als echte Phantasie in eine mögliche, echte Zukunft greife. Gerade das Nicht oder das Nichthaben als horror vacui bringe die Welt in Gang. In diesem Sinne könnte man die tragischen Fontane-Romane auch dahin auslegen, dass gerade die dargestellte Enttäuschung revolutionäre Macht und damit utopisches Potential in sich birgt.

Es gibt bereits einige Untersuchungen von Fontanes Romanen, die diesen Gesichtspunkt aufnehmen. Hierbei ist wiederum auf Richters Studie Resignation hinzuweisen, in der er das differenzierte Verhältnis von Dichtung und Revolution bewusst macht. Die neueste Arbeit in dieser Richtung ist die Dissertation von Jae Carl Retz "The Narrator as an Instrument of Social Criticism: Studies in Theodor Fontane's Narrative Art"[26]. Hierin werden die Kunstgriffe des Erzählers in Fontanes Romanen untersucht, durch die die Leserreaktion beeinflusst wird, wobei die dargestellte Resignation den Leser letzten Endes nicht zu deren Annahme, sondern zur Kritik am System provoziert. In seinem Aufsatz "Zur Problematik von Theodor Fontanes Roman !Effi Briest' " weist E. M. Volkov auf die "Methode des Verschweigens" hin, die Fontane benützt und die "eine gegenteilige Wirkung hervor[ruft] und ... dem Leser die Möglichkeit [gibt], selbst zu Ende zu denken, was er bewusst ausliess"[27]. Indem Fontane keine von Widersprüchen gereinigte Lesewelt darstellt und keine Lösungen gibt, wird dem Leser in der Tat eine Bewegungsfreiheit gegeben, die fast modern anmutet. Gerade die unbefriedigenden Romanschlüsse Fontanes, die keine eindeutige Stellungnahme geben, lassen seine Romane oft zu Denkprozessen werden, in die der Leser mit einbezogen wird und die oft zum dialektischen Umschlag ins Gegenteil von dem Dargestellten führen.

Basierend auf dieser Erkenntnis der Offenheit und Mehrdeutigkeit von Fontanes Romanen, die an den Beziehungssinn des Lesers appellieren und damit die Anwesenheit von utopischen Zügen im Sinne Blochs nicht ausschliessen, soll in der vorliegenden Arbeit an Hand von Textanalysen untersucht werden, ob es in Fontanes Romanen utopische Vorstellungen hinsichtlich der Stellung der Frau in der Gesellschaft gibt.

Während der gesellschaftskritische Zug von Fontanes Werk in der Literaturwissenschaft erkannt worden ist, wird er bisher fast ausschliesslich auf das Allgemeinmenschliche hin sublimiert. Der besonderen Problematik der Frauen, die in diesen Romanen dargestellt werden, wurde bisher nur selten Beachtung geschenkt. Zwar zeigen Fontanes Romane Individuen beider Geschlechter zerrissen zwischen dem Wunsch nach Selbstverwirklichung und den Ansprüchen einer Gesellschaft, die an Konventionen starr festhält, auch wenn diese nicht mehr den realen Gegebenheiten entsprechen. Zu beachten aber ist, dass die Frauen in Preussen und im restlichen Deutschland nach 1848, das Schopenhauer und seine Misogynie stillschweigend billigte, eine von den Männern ganz verschiedene Stellung in der Gesellschaft hatten. Soziale, ökonomische und sexuelle Rechte waren in jener Zeit allein Vorrechte der Männerwelt. Daher sind auch die Probleme der Männer unter einem ganz anderen Vorzeichen zu betrachten und können nicht in gleicher Weise wie die Probleme der Frauen behandelt werden.

Die vorliegende Arbeit wird sich unter anderen Werken vor allem auf Margrit Twellmanns Untersuchung Die deutsche Frauenbewegung stützen, um Fontanes Romane an der sozialen und historischen Wirklichkeit der Zeit messen zu können. Ausserdem wird auch August Bebels 1879 erschienene Studie Die Frau und der Sozialismus zum Vergleich herangezogen werden, denn wenn auch Fontane Bebel nicht in seinem Briefwechsel erwähnt hat, ist es doch anzunehmen, dass er das Werk Bebels, das ein Bestseller jener Zeit war, gekannt hat[28].

Im Mittelpunkt der meisten Fontane-Romane stehen die Schicksale von Frauengestalten. Hans-Heinrich Reuter wies in seiner Fontane Biographie darauf hin, dass Fontane sich durchaus der spezifischen Problematik der Frau in der Gesellschaft seiner Zeit bewusst gewesen sei und der Frauenfrage aufgeschlossen gegenübergestanden habe. Fontane habe unter anderem seine Aufgabe als Dichter darin gesehen, "diejenigen Zustände, die de facto bereits auf 'Haremwirtschaft' hinauslaufen, am erschütternden Einzelschicksal darzustellen - nicht um sie zu festigen oder gar wie Schopenhauer, zu sanktionieren, sondern um sie zu überwinden"[29]. Zahlreiche Selbstdeutungen und vor allem Fontanes Briefwechsel mit seiner Tochter Mete bestätigen, dass Fontane sich durchaus der spezifischen Problematik der Frauen bewusst war und er deren Leiden nicht nur als Metapher allgemeinmenschlichen Leidens darstellte[30].

Das Zentralanliegen der vorliegenden Arbeit ist es, zu untersuchen, ob es in Fontanes Romanen zu neuen Vorstellungen von der Rolle der Frau kommt und ob letzten Endes eine Utopie des weiblichen Glücks heraufbeschworen wird. Um dies beantworten zu können, soll durch Textanalysen untersucht werden, was für eine Stellung die Frau in der Gesellschaft einnimmt, was die gesellschaftlichen Vorstellungen von der Rolle und Funktion der Frau sind und wie die Frauen zu diesen Vorstellungen stehen. Weiterhin soll die Einstellung der Frauen zur Männerwelt untersucht werden, vor allem ihre Auffassung ihrer sozialen und sexuellen Rechte gegenüber dem anderen Geschlecht.

Ferner soll untersucht werden, ob es zu einer Selbstbewusstwerdung der Frau als Frau und als Mensch kommt, ob Möglichkeiten der Emanzipation in den Romanen dargestellt werden und welche Gestalt diese annehmen. Schliesslich soll die Frage beantwortet werden, welche Einstellung die Frauen gegenüber der Emanzipation haben und was die Resignation für die Emanzipation der Frau bedeutet.

Fontane hat in seinen Romanen Frauen aller Klassen dargestellt. Es ist daher von besonderem Interesse zu untersuchen, ob die jeweilige Klassenzugehörigkeit der Frau Einfluss auf deren Rolle als Frau, deren Selbstbewusstwerdung und deren Einstellung gegenüber der Emanzipation hat. Die obigen Fragestellungen sollen daher innerhalb der einzelnen Klassen angewendet werden. Als Repräsentantinnen der Aristokratie sollen dabei Victoire von Carayon, Cécile St. Arnaud und Effi Briest untersucht werden. Als Beispiele der Mittelklasse sind die mit einem Bürger verheiratete Melanie Van der Straaten, Jenny Treibel und Corinna gewählt worden, stellvertretend für die Frauen der Arbeiterklasse Lene, Frau Doersch, Stine und die Witwe Pittelkow.

Anmerkungen

1) Fritz Martini, "Forschungsbericht zur deutschen Literatur des Realismus", Deutsche Vierteljahresschrift, 34 (1960), 650-657; Charlotte Jolles, Theodor Fontane (Stuttgart: Metzler Verlag, 1972); Wolfgang Preisendanz, Hrsg., Theodor Fontane, Wege der Forschung, Bd. 381 (Wiesbaden: Wissenschaftliche Buchgesellschaft, 1973).

2) Erich Auerbach, Mimesis: Dargestellte Wirklichkeit in der abendländischen Literatur (Bern: Francke Verlag, 1946).

3) Georg Lukacs, "Der alte Fontane", Deutsche Realisten des 19. Jahrhunderts (Berlin: Aufbau-Verlag, 1952).

4) Theodor Fontane, Briefe an Georg Friedländer, hrsg. von Kurt Schreinert (Heidelberg: Quelle und Meyer, 1954); Fritz Martinis Kommentar dazu, "Forschungsbericht", S. 651.

5) Lukács, S. 302, 277.

6) Lukács, S. 269.

7) Walter Müller-Seidel, "Gesellschaft und Menschlichkeit", in Preisendanz, Hrsg., Theodor Fontane, S. 184.

8) Martini, S. 652-653.

9) H.R. Klieneberger, "Social Conformity and Nonconformity in Fontane's Novels", Forum for Modern Language Studies, 4 (1968), 394-395.

10) Karl Richter, Resignation: Eine Studie zum Werk Theodor Fontanes (Stuttgart: Kohlhammer Verlag, 1966), S. 91.

11) Lukács, S. 286.

12) Richter, S. 130.

13) Richter, S. 129.

14) Peter Goldammer, "Probleme der Fontane Edition: Zur Entstehungsgeschichte der Romane und Erzählungen", in Fontanes Realismus, hrsg. von Hans-Erich Teitge und J. Schobess (Berlin: Akademie-Verlag, 1972).

15) Müller-Seidel, S. 177.

16) Lukács, S. 306.

17) Renate Osiander, "Der Realismus in den Zeitromanen Theodor Fontanes: Eine vergleichende Gegenüberstellung mit dem französischen Zeitroman", Diss. Georg-August-Univ. Göttingen 1952, S. 174.

18) Ernst Bloch, Das Prinzip Hoffnung (Frankfurt am Main: Suhrkamp Verlag, 1973), I, 11.

19) Richter, S. 88.

20) Richter, S. 125.

21) Elisabeth Moltmann-Wendel, Hoffnung - Jenseits von Glaube und Skepsis: Theodor Fontane und die bürgerliche Welt (München: Kaiser Verlag, 1964), S. 34.

22) Goldammer, S. 9.

23) Renate Damus, Ernst Bloch: Hoffnung als Prinzip - Prinzip ohne Hoffnung (Meisenheim am Glan: Verlag Anton Hain, 1971), S. 21.

24) Gerhard Friedrich, "Die Frage nach dem Glück bei Fontanes 'Irrungen, Wirrungen' ", Der Deutschunterricht, 11, H. 4 (1959), 86.

25) Bloch, S. 50.

26) Jae Carl Retz, "The Narrator as an Instrument of Social Criticism: Studies in Theodor Fontane's Narrative Art", Diss. Univ. of Oregon 1976.

27) E. M. Volkov, "Zur Problematik von Theodor Fontanes Roman 'Effi Briest' ", Fontane-Blätter, 3, Heft 1 (1973), 6-7.

28) Margrit Twellmann, Die deutsche Frauenbewegung im Spiegel repräsentativer Frauenzeitschriften (Kronberg: Athenäum Verlag, 1976); August Bebel, Die Frau und der Sozialismus, 25. Aufl., 1946 fotomechanischer Nachdruck (Frankfurt am Main: Verlag Marxistische Blätter, 1977).

29) Hans-Heinrich Reuter, Fontane (München: Verlag Nymphenburg, 1968), II, 655.

30) Theodor Fontane, Briefe an die Tochter und die Schwester, hrsg. von Kurt Schreinert (Berlin: Propyläen Verlag, 1968).

I.

VICTOIRE VON CARAYON

"Liebesgeschichten in ihrer schauderösen Ähnlichkeit haben was Langweiliges - aber der Gesellschaftsstand, das Sittenbildliche, das versteckt und gefährlich Politische, das diese Dinge haben, das beständig an die Verschwörung Grenzende, das ist es, was mich so sehr daran interessiert", schrieb Fontane einmal an Friedrich Stephany[1].

Indem Fontane den Stoff von der Affaire des schönen Majors Otto Friedrich Ludwig von Schack mit der hässlichen Victoire von Crayen, die sich im Jahre 1815 zugetragen hatte, auf das Jahr 1805/6 verlegte, wurde dem privaten Charakter dieser Affaire historischer Bezug und damit kritische Zeitnähe gegeben. So schreibt Gotthard Erler in seinen Anmerkungen zur Entstehungsgeschichte von Schach von Wuthenow:

> "Schacks Verhalten, auf den Vorabend der Entscheidungsschlacht von Jena und Auerstedt gegen Napoleon verlegt, verliert alles Zufällige. Der Freitod eines preussischen Offiziers ist nicht länger mehr ein bloss bedauernswerter Vorfall, er wird zum bemerkenswerten Symptom. Die Affäre Schachs von Wuthenow (wie Schack nun heisst) erscheint als Menetekel am historischen Horizont; ..."[2]

Während diese Umdatierung der Affaire Schach eine politische Dimension gibt, wird durch das Schönheitsmotiv, das diese Erzählung leitmotivisch durchzieht, auch die menschliche Seite dieser Affaire und vor allem die spezifische Problematik der Funktion und Stellung der Frau in der adligen Gesellschaft beleuchtet.

In ihrer Studie Das Bild der bürgerlichen Gesellschaft bei Theodor Fontane schreibt Edeltraut Ellinger:

> "Im Herrenstand hatte sich im Laufe der Jahrhunderte eine spezifisch adelige Lebensweise herauskristallisiert, die geprägt war von den Rechten und Pflichten des ersten Standes im Staat. Ritterlichkeit, Edelmut, Gerechtigkeit, patriarchalische Fürsorge, Loyalität, Dienst fürs Vaterland, Tapferkeit, Treue und Pflichterfüllung gehörten dazu, und niemand dachte daran, an Friedrichs des Grossen Behauptung zu zweifeln, dass "Edelleute" als solche mehr Ehre hatten."[3]

Ebensowenig wagte es niemand, die Echtheit aller anderen dem Adelsstand zugeschriebenen Tugenden zu bezweifeln.

Umstrukturierungen auf wirtschaftlichem Gebiete und neue Entwicklungen im politischen Bereiche jedoch hatten bereits um die Jahrhundertwende den überkommenen Lebensstil und die alten Anschauungen des Adelsstandes ihres ursprünglichen Inhalts und Sinnes beraubt. Je mehr aber aus den Adelsrechten Vorrechte wurden, um so heftiger pochten die Feudalherren auf ihre Privilegien und die Bewahrung der alten Standesanschauungen. Aus Angst, aus ihrer tratitionellen Position gestossen zu werden, traten die Adligen konservativ und restaurativ auf bis zum Extrem, was Dünkel, Stolz, Härte und Vorurteilen Tür und Tod öffnete[4].

Vor allem der Offiziersstand, der sich bis zu den Steinschen Reformen von 1807/8 nur aus Adligen zusammensetzte, handhabte die Standesideologie so übertrieben streng, dass daraus eine "Standesmarotte" wurde. "Der Schein von Ehre und Moral war wichtiger als tatsächliche Ehre und praktische Moral", und damit geriet die Standesideologie immer mehr mit den Gesetzen der Menschlichkeit und Individuallehre in Konflikt[5]. Die Funktion der Adelsklasse erschöpfte sich immer häufiger in blosser glanzvoller Repräsentation und der krampfhaften Bewahrung des Scheins längstvergangener Glorie.

Hatten es sich nun die Adligen zum Lebensinhalt gemacht, eine Welt des Scheins aufrechtzuerhalten, so erwarteten sie auch von ihren Frauen, dazu beizutragen.

In Schach von Wuthenow wird die Rolle, die die adlige Frau in der Gesellschaft zu spielen hat, genau definiert: An erster Stelle steht die Pflicht, in der Öffentlichkeit zu präsentieren. "Visiten und Toiletten" werden als der wichtigste Tätigkeitsbereich der Frau angesehen (S. 412)[6]. Im Privatleben ist ihre Funktion weitgehend darauf beschränkt, dem Wein und dem Leben der Männer den "Schaum" aufzusetzen, wie es Prinz Louis Ferdinand auszudrücken beliebt (S. 431). Als charmante Gastgeberin, wie Frau von Carayon es ist, scheint die Frau zwar Mittelpunkt ihres "Salons" zu sein, den sie für die gesellschaftlichen Zusammenkünfte der Männer zur Verfügung stellt, ihre Teilnahme an den meist politischen Diskussionen der Männer jedoch beschränkt sich allein darauf, bedeutungslose, wenn auch charmante Bonmots am Rande einzuwerfen und im übrigen geschickt zu hitzig geratene Diskussionen zu schlichten: "'Lernen wir etwas aus der Politik unserer Tage: wo nicht Friede sein kann, da sei wenigstens Waffenstillstand. Auch hier ...'" (S. 381).

"Politik und französische Zeitungen" werden allein als die Domäne der Männer angesehen (S. 412), Gelehrsamkeit bei Frauen als abschreckend empfunden. So meint Schach zu Frau von Carayon: "'Teure Josephine, Sie sind mir das Ideal einer Frau: klug und doch ohne Gelehrsamkeit und Dünkel, espritvoll und doch ohne Mokanterie'" (S. 404). Solch ein Idealbild der Frau weist darauf hin, dass der adlige Mann, so wie er gegenüber den anderen Ständen sich seine Überlegenheitsstellung zu bewahren sucht, dies auch gegenüber der Frau versucht. Die Funktion der Frau wird ganz deutlich darin gesehen, die männliche Vormachtstellung zu befestigen und nicht etwa durch Zurschaustellung von zuviel Intellektualität ins Schwanken zu bringen. So besteht denn auch für Schach der "höchste Reiz" der Frau von Carayon darin, dass sie nicht einmal weiss, wie gut sie ist und "welche stille Macht" sie über ihn ausübt (S. 404).

Die Scheinverfallenheit der Adelsklasse und deren Neigung zur glanzvollen Repräsentation wirkt sich aber auch noch in anderer Weise auf das Leben der Frauen aus. Die Ideologie von der idealen Frau beinhaltet nämlich nicht nur Vorstellungen von intellektueller Passivität und der Lebensaufopferung der Frau für das Wohlbefinden des Mannes, sondern auch die Vorstellung, dass Schönheit der wichtigste Massstab ist, an dem der Wert einer Frau zu messen ist.

Das Äussere einer Frau entscheidet letzten Endes über ihr Wohl und Wehe. So wie es daher in den adligen Kreisen durchaus vorkommen kann, dass " 'so mancher Heiratsplan an einer unrepräsentablen Mutter gescheitert ist' " (S. 392), so ist es hier um die Heiratsaussichten der Witwe Carayon sehr fragwürdig bestellt wegen ihrer "unrepräsentablen Tochter" (S. 392.)

In nur scheinbar scherzhaft-harmlosen Plaudereien der Männer artikuliert sich ein stereotypes Schönheitsideal, nach dem der "Marktwert" einer Frau gemessen wird. So wird die Erklärung des Leutnant Nostiz, warum er "bei den Carayons geschwänzt" habe, von seinen Kameraden zwar ironisch, im Grunde aber doch voller Verständnis aufgenommen: " 'Und eine Blondine, sagten Sie. Dann freilich erklärt sich alles. Denn neben einer Prinzessin Flachshaar kann unser Fräulein Victoire nicht bestehn. Und nicht einmal die schöne Mama, die schön ist, aber doch am Ende brünett. Und blond geht immer vor schwarz' " (S. 391).

Neben diesen Schönheitsvorstellungen besteht aber auch die Forderung nach der Jugendlichkeit der Frau. So meint Nostiz: " 'Es hängt doch alles noch von Nebenumständen ab, die hier freilich ebenfalls zugunsten meiner Freundin sprechen. Die schöne Mama, wie Sie sie nennen, wird siebenunddreissig, bei welcher Addition ich wahrscheinlich galant genug bin, ihr ihre vier Ehejahre halb statt doppelt zu rechnen' " (S. 391-392).

Allein die standesgemässe Herkunft ist in den Adelskreisen noch wichtiger als die Schönheit bei einer Frau. Das erkennt Frau von Carayon, wenn sie zu Schach sagt: " 'Sie wissen doch, was Ihnen nachgesagt wird, "dass Sie der garstigsten princesse vor der schönsten bourgeoise den Vorzug geben würden" ' " (S. 403). Abgesehen von diesem Punkt der Standesgemässheit aber werden Haarfarbe, Taille und Teint als die wichtigsten Attribute einer Frau angesehen, wozu noch die "Intaktheit" der Jungfräulichkeit gerechnet wird, weshalb denn auch ein Mann wie Schach, der sich strengstens an die Ideologie vom Idealbild der Frau hält, "niemals eine Witwe heiraten [würde], auch die schönste nicht" (S. 392).

Deutlich wird, dass die Frau in diesen Kreisen nicht als Individuum anerkannt, sondern nur in Hinsicht auf ein abstraktes und überspanntes Frauenideal hin beurteilt wird. Die in dieser Erzählung ausgedrückte Haltung entspricht dabei durchaus der historischen Realität der Zeit, in der Schopenhauer in seinen Parerga und Paralipomena in dem Kapitel "Über die Weiber" schreibt: "Weil im Grunde die Weiber ganz allein zur Propagation des Geschlechts da sind und ihre Bestimmung hierin aufgeht; so leben sie durchweg mehr in der Gattung, als in den Individuen: nehmen es in ihrem Herzen ernstlicher mit den Angelegenheiten der Gattung, als mit den individuellen"[7].

Diese Ansicht wird aber nicht nur von den Männern geteilt, sondern auch von den Frauen. Dies geht aus der Häufigkeit hervor, mit der die Frauen in dieser Erzählung von sich selbst als "wir Frauen" sprechen und sich ohne weiteres allen stereotypen Vorstellungen vom Wesen der Frau unterwerfen, ja oft damit noch kokettieren. So meint Victoire in einer Unterhaltung mit Bülow: " 'Sie vergessen, Herr von Bülow, dass wir Frauen sind und dass wir als solche ein Recht haben, neugierig zu sein' " (S. 382-383). Und auch die Königin meint: " 'Ich bin eben eine Frau, und es wäre hart, wenn ich mich meiner Frauenart entschlagen müsste, nur weil ich eine Königin bin' " (S. 492). Ebenso zeigen die Frauen in Schach von Wuthenow nur für das Interesse, was die Gesellschaft als Interessengebiet der Frau definiert hat, und das ist die "question d'amour". So lässt die Königin Schach zu sich bitten, nur um von ihm über seine Affaire mit Victoire unterrichtet zu werden: " 'Es ist etwas gewagt, ... dass ich Sie habe bitten lassen ... Als Frau aber interessiert mich alles, was unser Geschlecht angeht, und was ging' uns näher an als eine solche question d'amour' " (S. 492).

Die Frauen - das wird deutlich - fühlen, denken und handeln, wie "man" es von ihnen erwartet, und versuchen dem von der Männerwelt geschaffenen stereotypen Frauenideal zu entsprechen. Daher ist auch das wichtigste Einrichtungsstück im Eckzimmer der Caryonschen, Trumeau der "grosse, reich vergoldete Frumeau, der der schönen Frau täglich aufs neue versichern musste, dass sie noch eine schöne Frau sei" (S. 395).

Das Wohlgefallen der Männer zu erregen und eine standesgemässe Ehe zu schliessen werden als Sinn und Zweck eines Frauenlebens angesehen: " 'Es ist nur eines, um dessentwillen wir Frauen leben, wir leben, um uns ein Herz zu gewinnen' ", schreibt Lisette von Perbandt an ihre Freundin Victoire (S. 436). Dass die Ehe dabei meist völlige Selbstverleugnung der Frau verlangt, geht aus Victoires Brief an ihre jungverheiratete Freundin Lisette hervor:

"Was mir allein Sorge machte, war Deine neue masurische Heimat, ein Stück Land, das ich mir immer als einen einzigen grossen Wald mit hundert Seen und Sümpfen vorgestellt habe. Da dacht ich denn, diese neue Heimat könne Dich leicht in ein melancholisches Träumen versetzen, das dann immer der Anfang zu Heimweh oder wohl gar zu Trauer und Tränen ist. Und davor, so hab ich mir sagen lassen, erschrecken die Männer. Aber ich sehe zu meiner herzlichen Freude, dass Du auch dieser Gefahr entgangen bist ..." (S. 412)

Victoires Bewusstseinsstufe aber ist solcher Einsicht völlig verschlossen, und sie sieht vielmehr die Ehe als absolute Erfüllung persönlichen Lebensglücks an. Aufgewachsen mit den gesellschaftlichen Vorstellungen, dass Schönheit den Wert einer Frau bestimmt, glaubt die von Blatternarben entstellte Victoire nicht an solches Glück für sich selbst, ja, sie meint sogar, "kein Anrecht" auf das Glück der Liebe und Ehe zu haben (S. 510). Blind gegenüber den Vorzügen ihres Charakters und Geistes und der "seltenen Liebenswürdigkeit ihrer Natur", die, wie selbst der völlig vom Ästhetischen bestimmte Schach zugeben muss, "einen Schönheitsschleier über sie wirft" (S. 429), sieht Victoire allein die Schönheit als Massstab für ihren eigenen Wert an. Mit bitterem Herzen weist sie daher auch die Ermahnung ihrer Freundin Lisette, dass Liebesglück nicht allein durch äussere Schönheit gewonnen werden kann, ab: " 'Es rät und tröstet sich leicht aus einem vollen Besitz heraus; sie hat alles, und nun ist sie grossmütig. Arme Worte, die von des Reichen Tische fallen' " (S. 436).

Indem Victoire allein den Besitz der Schönheit als Voraussetzung und Garantie des weiblichen Glücks ansieht, hat sie sich der gesellschaftlichen Ideologie vom Idealbild der Frau bis zum Punkt der Selbstentfremdung und des völligen Verlusts ihrer inneren Autonomie unterworfen. Ihre Vorstellungen vom weiblichen Glück basieren auf der Missachtung ihres wahren Seins, und damit erweisen sie sich als eine für sie selbst unerreichbare Utopie des Glücks, die im Grunde genommen nichts anderes ist als die Antiutopie einer Gesellschaft, in der die Selbstverwirklichung des Ichs gehemmt wird und die Erfüllung des Individuums nur in der Unterwerfung unter die Diktatur des Standes bestehen kann.

Die Unterwerfung unter diese Diktatur gewährt jedoch, so wenigstens glaubt Victoire, ein gewisses Mass an Anerkennung, Geborgenheit und Sicherheit: "... in meiner Lage lernt man milde sein, sich trösten, verzeihn. Hätt ich es nicht gelernt, wie könnt ich leben, ich, die ich so gern lebe!" (S. 413). Damit wird das Lied, das Victoire im zweiten Kapitel der Erzählung vorträgt, zur Metapher für Victoires Schicksal. Wie das "blühende Kind" aus dem Liede, lässt sich Victoire in der kalten "Wiege von Schnee", die ihr von der Gesellschaft gewährt wird, einlullen und "verschläft" ihr Weh in dieser Gesellschaft, die in einem Winter der Vorurteile und überholten Anschauungen erstarrt ist.

In der zweiten Strophe dieses Liedes wird eine Utopie heraufbeschworen vom Erwachen aus der Erstarrung und der Errichtung einer neuen Gemeinschaft, in der die Menschen in geschwisterlicher Liebe einander zugetan sind und in der das "Blühn" an die Stelle des "Welkens" tritt. Während die im Carayonschen Salon versammelte Gesellschaft dieses Lied als zu romantisch abtut, ist es gerade der sarkastische, "mit Staatenuntergang beschäftigte Frondeur" Bülow, der von diesem Lied aufs tiefste berührt wird (S. 387). Aus England und Amerika soeben in die Heimat zurückgekehrt, tritt Bülow als ein unerbittlicher Kritiker in dem Kreise auf, in dem er "seit wenigen Wochen erst" heimisch ist (S. 375). Als Aussenseiter ist Bülow natürlich am besten geeignet, die Gesellschaft und deren Preussenideologie unvoreingenommen zu beurteilen, deren Schwächen mit scharfem und klaren Blick zu erkennen und die Borniertheiten überzeugend blosszustellen. Durch die Figur Bülows wird die Wahrheit und Verbindlichkeit der geheiligsten Glaubenssätze des Staates und der Kirche in Frage gestellt und damit sowohl den Romanfiguren wie auch dem Leser der Weg gebahnt zur kritischen Überprüfung bisher anstandslos geglaubter Ansichten.

So werden vor allem die folgenden drei "Hauptstücke" der preussischen Ideologie von Bülow als die "Verkörperung ... preussischer Beschränktheit" entlarvt:

"... erstes Hauptstück: "Die Welt ruht nicht sicherer auf den Schultern des Atlas als der preussische Staat auf den Schultern der preussischen Armee", zweites Hauptstück: "Der preussische Infanterieangriff ist unwiderstehlich", und drittens und letztens: "Eine Schlacht ist nie verloren, solange das Regiment Garde du Corps nicht angegriffen hat." (S. 393).

Auf ihre Wahrheit hin untersucht, erkennt Bülow diese "Hauptstücke" als "Redensarten" und "hohle Rodomontaden" (S. 393), worin ihm die geschichtliche Entwicklung noch Recht geben wird. Ebenso sieht er den "preussischen Standpunkt" nur noch als "künstliche Grösse": " 'Was hat Preussen der Welt geleistet? Was find ich, wenn ich nachrechne? Die grossen Blauen König Friedrich Wilhelms I. , den eisernen Ladestock, den Zopf und jene wundervolle Moral, die den Satz erfunden hat, "ich hab ihn an die Krippe gebunden, warum hat er nicht gefressen?" ' " (S. 385).

So wie Bülow die "Glaubenssätze" des Preussenstaates als jämmerliche Phrasen blosslegt, so verschont er auch nicht die "Glaubenssätze" der preussischen Staatsreligion:

"Nun wohl denn, es geht eine Sage, dass mit dem Manne von Wittenberg
die Freiheit in die Welt gekommen sei, und beschränkte Historiker haben
es dem norddeutschen Volke so lange versichert, bis man's geglaubt hat.
Aber was hat er denn in Wahrheit in die Welt gebracht? Unduldsamkeit und
Hexenprozesse, Nüchternheit und Langeweile. Das ist kein Kitt für Jahrtausende. " (S. 385)

Bülow gibt seiner Überzeugung Ausdruck, dass - obwohl das Luthertum seiner Herkunft nach identisch ist mit Reformation und neuem Leben - aus diesem Leben mit
der Zeit die Seele entwichen und Wesen und Erscheinung auseinandergetreten sind.
Was übrig geblieben sei, so meint Bülow, ist eine Kirche, die sich immer mehr in
restaurative Politik verstrickt und die eine Gesellschaft mit einer Armee geschaffen hat, die "statt der Ehre nur noch den Dünkel und statt der Seele nur noch ein
Uhrwerk hat" (S. 505), eine Feststellung, die durch die Handlung des Romans auch
deutlich illustriert wird.

Vor allem der in blossen Dünkel und Veräusserlichung entartete Ehrbegriff
der preussischen Gesellschaft wird zum Ziel der Kritik Bülows. Er hat erkannt,
dass es dieser Gesellschaft mehr an der Aufrechterhaltung des Scheins von Sitte und
Moral liegt als an der wahren Sittlichkeit des Einzelnen. Dieser falsche Ehrbegriff
mache denn auch "abhängig von dem Schwankendsten und Willkürlichsten, was es
gibt, ... dem auf Triebsand aufgebauten Urteile der Gesellschaft", und veranlasse
"die heiligsten Gebote, die schönsten und natürlichsten Regungen eben diesem Ge-
sellschaftsgötzen zum Opfer zu bringen" (S. 506).

Die Intention von Bülows Kritik ist, wie er es immer wieder betont,
"Selbstbesinnung". Denn, so glaubt er, in der "Erkenntnis", "dass wir nichts
taugen", "ist die Möglichkeit der Besserung gegeben" (S. 377). Damit bekommt Bülows Kritik eine fast marxistische Funktion. Denn auch Marx war der Ansicht, dass
ein neuer Gesellschaftszustand nur durch eine "Reform des Bewusstseins" herbeizuführen sei:

"Unser Wahlspruch muss also sein: Reform des Bewusstseins nicht durch
Dogmen, sondern durch Analysierung des mystischen, sich selbst noch unklaren Bewusstseins. Es wird sich dann zeigen, dass die Welt längst den
Traum von einer Sache besitzt, von der sie nur das Bewusstsein besitzen
muss, um sie wirklich zu besitzen. "[8]

Aus der Kritik Bülows steigt denn auch in der Tat als Gegenbild zum bestehenden
Gesellschaftszustand, ein "Traum vom besseren Leben"[9] hervor, die Utopie einer
Gesellschaft, in der Äusserlichkeiten nicht mehr mit wirklichen Verdiensten und
wirklichen Werten gleichgesetzt werden. In so einer Gesellschaft würde auch die
Frau um ihrer Persönlichkeit willen und nicht nach stereotypen Vorstellung beurteilt werden. Während Bülow mit seiner Konzeption eines neuen Gesellschafts-
zustandes das Glück der Menschen aller Klassen und jeden Geschlechts ins Auge
fasst, wird von Prinz Louis Ferdinand antizipiert, wie sich in einer Gesellschaft,
die nicht mehr auf Äusserlichkeiten basiert, das Leben der Frau gestalten würde.
In so einer Gesellschaft wird es das "Herz" sein, das entscheidet, "nur das Herz"
(S. 431). Die Schönheit der Frau würde dabei nicht nur als zweitrangig angesehen,
sondern überhaupt eine Umwertung erfahren. Prinz Louis antizipiert eine "höhere
Form der Schönheit":

"diese hat etwas Weltumfassendes, das über eine blosse Teint- und Rassen-
frage weit hinausgeht. Ganz wie die katholische Kirche. Diese wie jene sind
auf ein Innerliches gestellt, und das Innerliche, das in unserer Frage den
Ausschlag gibt, heisst Energie, Feuer, Leidenschaft ... Das paradoxe 'le
laid c'est le beau' hat seine vollkommne Berechtigung, und es heisst nichts
andres, als dass sich hinter dem anscheinend Hässlichen eine höhere Form
der Schönheit verbirgt. " (S. 430-431)

Wenn auch der Lebenswandel des Prinzen keineswegs den Schluss zulassen kann,
dass er seinen Ansichten auch lebt, und wenn auch der leichte, unverbindliche Plau-
derton, in dem er seine Ideen vorbringt, die Aufrichtigkeit seiner Überzeugungen
als blosse launige Spielerei vermuten lässt, so verlieren doch die vorgebrachten Gedanken nicht an objektiver Gültigkeit und, zumindest für jene Zeit, revolutionärer
Neuartigkeit. Es wird hier ein Gegenbild zu den vorherrschenden Wert- und Schönheitsvorstellungen gegeben und damit Victoires Fixierung durch den gesellschaftlichen Schönheitsbegriff eine Alternative entgegenstellt. Dadurch wird zugleich auch
der Leser aufgefordert, Vergleiche anzustellen, Schlüsse zu ziehen, neu zu sehen
und neu zu entdecken, was wiederum eine Bewusstheitserhöhung in Gange setzt.

Aber auch Victoire selbst ist sich durchaus der Relativität der Werte bewusst, die die Gesellschaft aufstellt: " 'Die Gesellschaft ist souverän. Was sie gelten lässt, gilt, was sie verwirft, ist verwerflich' " (S. 438). Ihre eigensten Gefühle
und Erkenntnisse stehen im völligen Widerspruch zu der gesellschaftlichen Ideologie
der Schönheit: " 'Sonderbar, dass alle historischen Personen, die den Beinamen des
"Schönen" führen, mir unsympathisch sind. Und ich hoffe, nicht aus Neid. Aber die
Schönheit, das muss wahr sein, macht selbstisch, und wer selbstisch ist, ist un-
dankbar und treulos' " (S. 410). Victoire weiss auch aus eigener Erfahrung, dass
Schönheit oft versklavt: " 'An dem Abende bei Massows, wo man mir zuerst huldigte,
war ich, ohne mir dessen bewusst zu sein, eine Sklavin. Oder doch abhängig von
hundert Dingen. Jetzt bin ich frei' " (S. 439).

Victoire erkennt durchaus die Vorzüge ihrer Sonderstellung als hässliches
Mädchen, dennoch aber überwiegt die Bitterkeit über ihre Einsamkeit und Ausgeschlossenheit:

  " 'Wem genommen wird, dem wird auch gegeben'. In meinem Falle liegt
  der Tausch etwas schmerzlich, und ich wünschte wohl, ihn nicht gemacht
  zu haben. Aber andrerseits geh ich nicht blind an dem eingetauschten
  Guten vorüber und freue mich meiner Freiheit. Wovor andre meines Alters
  und Geschlechts erschrecken, das darf ich. " (S. 438-439).

Ebenso überwiegt auch im folgenden Ausschnitt aus Victoires Brief an Lisette die
Sehnsucht nach einem "normalen" Frauenschicksal die erkannten Vorteile der ihr
gewährten Freiheit: "Ich meinerseits verhalte mich ablehnend gegen ... die chine-
sisch eingeschnürten Füsschen, und bin umgekehrt froh, in einem bequemen Pantoffel zu stecken. Führen, schwingen werd ich ihn nie" (S. 415).

Hat Victoire auch die Konventionen der Gesellschaft als repressiv erkannt,
so stellt sie diese dennoch nicht in Frage. Sie ist so sehr befangen von den Normen
der Gesellschaft, dass es ihr unmöglich ist, sich in ihren Gefühlen zur Eindeutig-

keit durchzuringen. Sie schliesst vielmehr die Augen vor der Kluft zwischen ihren eigenen Einsichten und der gesellschaftlichen Ideologie und vor dem Widerspruch zwischen Wesen und Erscheinung der von der Gesellschaft gepredigten Wertbegriffe. So will sie auch die Implikationen von Schachs Verhalten ihr gegenüber in Tempelhof nicht wahrhaben und scheut sichtlich das Entweder-Oder, mit dem Lisettes Brief sie konfrontiert:

> "Ich finde, je mehr ich den Fall überlege, dass Du ganz einfach vor einer Alternative stehst und entweder Deine gute Meinung über S. oder aber Dein Misstrauen <u>gegen</u> ihn fallenlassen musst. Er sei Kavalier, schreibst Du mir, 'ja, das Ritterliche', fügst Du hinzu, 'sei so recht eigentlich seine Natur', und im selben Augenblicke, wo Du dies schreibst, bezichtigt ihn Dein Argwohn einer Handlungsweise, die, träfe sie zu, das Unritterlichste von der Welt sein würde. Solche Widersprüche gibt es nicht. Man ist entweder ein Mann von Ehre, oder man ist es nicht. " (S. 436)

Sich für eine klare Alternative zu entscheiden, würde für Victoire bedeuten, das ihr Heiligste zu zerstören, ihre Ansichten von einer Gesellschaft, die immer im Recht ist, fallen zu lassen, der Autorität in ihrem Leben Fehlerhaftigkeit zuzuschreiben und damit völlig auf sich allein angewiesen zu sein. Die Widersprüche, die sich ihr darbieten, aufzulösen, dazu ist Victoire noch nicht weit genug in ihrer Bewusstwerdung fortgeschritten. Ein Leben ausserhalb dieser Gesellschaft, basierend auf ihren eigenen Wertanschauungen, liegt noch völlig ausserhalb von Victoires Vorstellungsbereich.

So versucht sich Victoire einzureden, dass ihr Misstrauen gegen Schach auf blosser Einbildung beruhe, und bemüht sich, Schachs zurückhaltendes Benehmen nach ihrer Liebesbegegnung sich zurechtzulegen, und "wenn es nicht glücken wollte, nahm sie Lisettens Brief und las immer wieder die Stelle, die sie längst auswendig wusste. 'Du darfst Dich, ein für allemal, nicht in ein Misstrauen gegen Personen hineinleben, die durchaus den entgegengesetzten Anspruch erheben dürfen' " (S. 441).

Erst bei der von den Offizieren des Regiment Gendsdarmes inszenierten Luther-Travestie kommt Victoire zur klaren Verurteilung Schachs und damit auch der Gesellschaft: "Wer verbarg sich hinter dieser Luthermaske? War <u>er</u> es? Nein, es war unmöglich. Und doch, auch wenn er es <u>nicht</u> war, er war doch immer ein Mitschuldiger in diesem widerlichen Spiele, das er gutgeheissen oder wenigstens nicht gehindert hatte" (S. 451).

Die Verhöhnung Luthers und der alten Werte, die er repräsentiert, treffen Victoire ins Innerste ihres Glaubens an die Gesellschaft und öffnen ihr die Augen für die Erbärmlichkeit dieser Gesellschaft, der sie sich aufgeopfert hatte: Zum ersten Mal in der Erzählung gibt Victoire ihre Passivität auf, und ihr "witzig-elegischer Ton", mit dem sie die Wahrheit vor sich selbst und der Welt zu verschleiern suchte, weicht nun dem Ton unverhohlener Empörung:

> "Welche verkommne Welt, wie pietätlos, wie bar aller Schicklichkeit! ... das Schöne verzerrt und das Reine durch den Schlamm gezogen zu sehen. Und warum? Um einen Tag lang von sich reden zu machen, um einer

kleinlichen Eitelkeit willen. Und das war die Sphäre, darin sie gedacht und gelacht, und gelebt und gewebt, und darin sie nach Liebe verlangt und ach, das Schlimmste von allem, an Liebe geglaubt hatte!" (S. 452)

Victoire erkennt, dass in so einer Gesellschaft echtes Liebesglück, das dem Menschen um seiner selbst willen zuteil wird, unmöglich ist. Statt aus dieser Erkenntnis jedoch den Schluss zu ziehen, ihr Selbst entschlossen gegen eine Gesellschaft zu verteidigen, die keine moralische Idee mehr vertritt und deren Geltungsanspruch nur darauf besteht, dass sie ist und mächtig ist, wird für Victoire dieser Moment der Erkenntnis zum Augenblick der tiefsten Resignation und des Bekenntnisses der aussichtslosen Gebundenheit an diese Gesellschaft.

Fontanes Victoire ist es nicht gegeben, sich selbst genug zu sein und sich neue Äquivalente zu schaffen für die neuen Persönlichkeitsdimensionen, die sie in sich entdeckt hat und für die sie in den bestehenden gesellschaftlichen Definitionen keine Entsprechung mehr finden kann. Sie besitzt nicht die innere Stärke, den Zusammenbruch der Autorität in ihrem Leben zu ertragen und ihn zur Grundlage eines Neuanfangs zu benutzen:

> "Ich bin mir zuwider, zuwider wie die Welt. In meiner Krankheit damals hab ich Gott um mein Leben gebeten... Aber wir sollen nicht um unser Leben bitten... Gott weiss am besten, was uns frommt. Und wenn er uns zu sich hinaufziehen will, so sollen wir nicht bitten: lass uns noch ...
> Oh, wie schmerzlich ich das fühle! Nun leb ich... Aber wie, wie!"
> (S. 452)

Für Victoire gibt es in ihrer Lage nur eine Alternative: Kapitulation oder Untergang, und Victoire entscheidet sich für die Kapitulation. Als Angehörige der privilegierten, von der Realität des Tages abgeschirmten Adelsklasse ist ihr Wissen um andere Lebensmöglichkeiten weitgehend beschränkt. Als Angehörige des weiblichen Geschlechts wiederum, das in dieser Gesellschaft dazu angehalten wird, Hilflosigkeit und Passivität als weibliche Tugenden und Unabhängigkeit im Denken und Handeln als dem Manne vorbehalten anzusehen, fühlt sich Victoire nicht dazu berufen, der Gesellschaft zu trotzen. Und daher entscheidet sich Victoire für ein Weiterleben in dieser Gesellschaft, in der sie sich nicht mehr zu Hause fühlt. Sie fügt sich dem bösen Spiel. Typisch für ihre Klasse, steckt sie "wie Vogel Strauss den Kopf in den Sand" (S. 506) und gibt sich der "Fata Morgana" hin (S. 499), in dieser Gesellschaft und mit Schach noch ein wie immer geartetes Glück zu finden.

Wie ist diese Resignation Victoires zu verstehen? Fontane malt in dieser Erzählung mit grosser Teilnahme die Ohnmacht des Individuums gegenüber der übermächtigen Gesellschaftsautorität aus. Er lässt uns begreifen, dass die Gebundenheit des Menschen an die Gesellschaft so tief gehen kann, dass das Ich sich schliesslich zum "man" entfremdet. Er lässt uns die Angst eines jeden Menschen verstehen, der vor der Wahl steht, die Geborgenheit der Gemeinschaft und der Tradition aufzugeben für die unsichere und unerprobte Freiheit des Ichs. Dem Leser wird Einsicht gegeben in die menschlichen Probleme, denen sich alle Neuerer gegenübersehen, und selbst der moderne Leser, der in einer Zeit unaufhörlicher Revolutionen lebt, kann nicht umhin zu erkennen, welch grosser Mut und fast unmenschliche innerliche Kraft nötig ist, um gegen den Strom zu schwimmen. Es wird klar, dass es leichter ist, Revolution zu predigen als sie in der gesellschaftlichen Wirklichkeit durchzuführen.

Bedeutet aber die Teilnahme und das Verständnis, das Fontane so offensichtlich seiner schwachen Heldin gegenüber zeigt, dass er damit ihrer Resignation das Wort reden will? Oder hat die geschilderte Resignation einen ganz anderen Sinn? Wie Karl Richter bereits in seiner Fontanestudie Resignation ausgeführt hat, gewinnt die Resignation in Fontanes Romanen eine gesellschaftskritische Dimension, "sofern sie die Veräusserlichung und Verrohung in den Formen des Fortschritts, der gesellschaftlichen Repräsentation und des gesellschaftlichen Aufstiegs mit der Menschlichkeit der Unterliegenden und weniger Erfolgreichen konstrastiert"[10]. Das Leiden, das Victoire von Schach als Vertreter der Gesellschaft zugefügt wird, und ihr demütiges und stillschweigendes Ertragen dieses Leidens wird zur Anklage gegen diese Gesellschaft, die den Schein vor alle echten Werte stellt und eine Frau nach ihrer Schönheit und nicht nach ihrem inneren Wert einschätzt.

Die Rückgratlosigkeit Schachs, der sich sinnlosen und ungerechtfertigten sozialen Konventionen beugt und taub bleibt gegen die Stimme der Menschlichkeit, der den echten Wert Victoires zwar erkennt, ihn aber nicht schätzen kann, weil die Gesellschaft es nicht kann, wird hier entlarvt; und selbst der voreingenommenste Leser kann sich des bitteren Nachgeschmackes nicht erwehren, den Victoires resignierende Annahme ihres Schicksals hinterlässt.

Dass Victoire sich resignierend für ein Scheinglück entscheidet, deckt erst das Bedenkliche des gesellschaftlichen Zustandes auf, der dem Menschen kein echtes Glück mehr gewähren kann, sondern ihn zur Selbstverleugnung zwingt[11]. Gerade aus Victoires Resignation, aus dem Abgrund ihres Leidens und ihrer Erniedrigung erwächst als moralische Forderung die Utopie einer Gesellschaft, in der wahre Menschlichkeit über jeden Schein gestellt wird und in der die Frau um ihrer menschlichen Eigenschaften willen und nicht wegen ihrer Anpassung an ein bedeutungsloses, seelenloses Idealbild geschätzt wird. Es ist eine Utopie, die durch den übergeordneten Geist des Erzählers gerade durch die Schilderung der Resignation dem Leser nahegebracht wird.

Zwar dient die Resignation Victoires dazu, dem Leser die Veränderungsnotwendigkeit des gesellschaftlichen Systems bewusstzumachen, doch wird diese Resignation zugleich auch durch den Fortgang des Romans als sinnloses Vogelstraussspiel verurteilt: Das Opfer von Victoires Selbstverwirklichungswillen wird durch den Schuss, mit dem Schach seinem Leben unmittelbar nach den Hochzeitsfeierlichkeiten ein Ende setzt, als vergeblich erwiesen. Es wird deutlich, dass Schachs Flucht nach Wuthenow und Victoires Flucht in eine Fata Morgana keine Lösungen für das persönliche und gesellschaftliche Dilemma darstellen, sondern dass die Lösung in einer anderen Richtung gefunden werden muss.

Am Ende des Romans finden wir Victoire als eine völlig veränderte, gereifte Persönlichkeit. Aus ihrem Brief aus Rom spricht nicht mehr die blinde Resignation von ehemals, sondern klare Bewusstheit und rationales Abwägen aller Gründe, die zu solchem allerseitigen Unglück hatten führen können. In Victoires Interpretation von Schachs Selbstmordmotiven zeigt sich, dass sie ihre Selbstachtung zurückgewonnen hat und sie nicht mehr willens ist, sich allein durch die gesellschaftlichen Wertmassstäbe für eine Frau definieren zu lassen. So schliesst sie sich auch nicht mehr vorbehaltlos der Erklärung der "Welt" von Schachs Selbst-mordmotiven an: "Er sei, so versichern die Leute, der schöne Schach gewesen und ich, das mindeste zu sagen, die nichtschöne Victoire - das habe den Spott herausge-fordert, und diesem Spotte Trotz zu bieten, dazu hab er nicht die Kraft gehabt. Und so sei er denn aus Furcht vor dem Leben in den Tod gegangen" (S. 508).

Victoire sieht nun alles "in einem andern Licht" (S. 508). Was sie in ihrem ersten Brief an Lisette von Perbandt ebenso simplistisch wie "die Welt" interpre-tiert hatte, indem sie Schachs Benehmen allein von ihrem Äusseren abhängig sah, das interpretiert Victoire nun viel komplexer. Sie lässt nicht nur die Möglichkeit offen, dass Schach eben nicht "für die Ehe geschaffen" war (S. 508), sondern er-wägt auch die Möglichkeit, dass Schachs Selbstmord mit der Unvereinbarkeit ihrer Persönlichkeiten statt mir ihrer Hässlichkeit zusammenhängen könnte: Ihre "an-spruchslosen Gewohnheiten" hätten Schach

> "... aus all und jeder Karrière herausgerissen und ihn nach Wuthenow hin-gezwungen, um mit mir ein Spargelbeet anzulegen oder der Kluckhenne die Küchelchen wegzunehmen. Davor erschrak er. Er sah ein kleines und be-schränktes Leben vor sich und war, ich will nicht sagen auf ein grosses gestellt, aber doch auf ein solches, dass Ihm als gross erschien." (S. 509-510)

Ob Victoires Vermutungen zutreffend sind oder nicht, scheint hier keine Rolle zu spielen: Der Umstand, dass sie überhaupt fähig ist, diese anzustellen, ist von Be-deutung. Er zeigt an, dass Victoire sich innerlich von der Fixierung durch das ge-sellschaftliche Idealbild der Frau gelöst hat und sich nun als autonome Persönlich-keit zu akzeptieren gelernt hat, die ihren Wert nicht mehr von solchen Äusserlich-keiten ableitet.

"Die Annahme der Schuld", die Anerkennung einer "halben Schuld", die aus dem Brief Victoires spricht, scheint hier weniger "ein integrierender Wesenszug der Resignation" zu sein, wie Karl Richter es interpretiert[12], als vielmehr ein Aus-bruch aus der Resignation, das Zusichselbstkommen einer Frau, die sich nicht mehr bloss als Opfer der Gesellschaft sieht, sondern bereit ist, ihren Teil der Ver-antwortung auf sich zu nehmen: Das Verständnis, das sie Schach entgegenbringt, und die Verzeihung für den Schmerz, den man ihr zugefügt hat, beinhalten denn auch keineswegs eine Gutheissung weder der Gesellschaft noch von Schach: "Er war seiner ganzen Natur nach auf Repräsentation und Geltendmachung einer gewissen Grandezza gestellt, auf mehr äusserliche Dinge, woraus Du sehen magst, dass ich ihn nicht überschätze" (S. 509).

Victoire wird hier nicht als eine Revolutionärin dargestellt, sondern als eine Frau, die um die Unmöglichkeit weiss, dem gesellschaftlichen abstrakten Idealbild in allem zu genügen, und die durch ihren persönlichen Schmerz zur Tole-ranz und Humanität geläutert ist. Es ist leicht zu sehen, dass eine solche Frau einen humanisierenden Einfluss auf ihre Umgebung ausüben wird und damit viel zur Veränderung der sozialen Stellung der Frau beitragen kann. Die Forderung nach der Freiheit der Frau und aller Menschen, sich selbst sein zu können, steigt hier als die Utopie des weiblichen Glücks hervor. Sie ist subtil, dabei aber nicht weniger effektiv.

In seiner Fontane-Studie Formen des perspektivischen Erzählens führt
Horst Schmidt-Brümmer aus, wie Fontanes perspektivisches Erzählen "den Leser
zum Eindringen in ein erzählerisches System vielschichtiger Beziehungen und Zu-
sammenhänge auffordert und ... durch die ihm eigene bewegliche Gewichtsvertei-
lung eine Bewusstheitsentwicklung und Steigerung der Wahrnehmungsfähigkeit, ein
Sehen, Entdecken und Modifizieren in Gang setzt ...", sich dabei aber "die dargestellten Beziehungen und Situationen einer eindeutigen begreiflichen Auflösung ent-
ziehen"[13]. Lässt sich diese Erzählung Fontanes auch nicht auf eine allgemeine ab-
strahierbare Formel bringen, so wird doch deutlich, dass Fontane durch die geschilderte Katastrophe die Notwendigkeit der Zurückbesinnung auf eigentliche Werte
vor Augen führen wollte. Auch kann sein Mitgefühl für die unterlegene Stellung der
Frauen, die ob ihrer traditionellen Ausgeschlossenheit von politischen und sozialen
Entscheidungen in erster Linie die Leidtragenden des Gesellschaftssystem sind,
nicht übersehen werden. Die Preussen bevorstehenden gesellschaftlichen und politischen Umwandlungen werden in dieser Erzählung gedanklich wie emotional antizipiert, und dabei überwiegt das optimistische utopische Denken das resignative, wenn
nicht im Bewusstsein der Romanfiguren, so doch in dem des Erzählers.

Anmerkungen

1) Theodor Fontane, Gesammelte Werke, hrsg. von K.E.O. Fritsch (Berlin: F.
   Fontane, 1905), Serie 2, Bd. 10/11, S. 322, Brief vom 2.7.1894.

2) Gotthard Erler, Anmerkungen zu Schach von Wuthenow, in Fontane, Romane und
   Erzählungen, hrsg. von Peter Goldammer, Gotthard Erler, Anita Golz und
   Jürgen Jahn (Berlin: Aufbau-Verlag, 1969), III, 600.

3) Edeltraut Ellinger, "Das Bild der bürgerlichen Gesellschaft bei Theodor Fontane", Diss. Univ. Würzburg 1970, S. 184-185.

4) Ellinger, S. 185.

5) Ellinger, S. 182.

6) Alle Seitenangaben im laufenden Text beziehen sich auf Fontane, Romane und Erzählungen, Bd. III.

7) Arthur Schopenhauer, Parerga und Paralipomena, in Sämtliche Werke, VI, 655.
   Zitiert nach Walter Müller-Seidel, Theodor Fontane: Soziale Romankunst in
   Deutschland (Stuttgart: Metzler Verlag, 1975), S. 166.

8) Zitiert nach Bloch, I, 177.

9) Bloch, I, 178.

10) Richter, S. 122.

11) Richter, S. 93.

12) Richter, S. 107-108.

13) Horst Schmidt-Brümmer, Formen des perspektivischen Erzählens: Fontanes "Irrungen, Wirrungen" (München: Wilhelm Fink Verlag, 1971), S. 196.

14) Schmidt-Brümmer, S. 192.

II.

CECILE

Fontanes Cécile fand keinen grossen Anklang zu seiner Zeit. Die zeitgenössische Kritik fand den Roman inkongruent: "Der harmlose Charakter desselben in der Mehrzahl seiner Kapitel will nicht recht zu der tragischen Schlusskatastrophe passen", schrieb ein Rezensent in der Vossischen Zeitung kurz nach Erscheinen des Werkes[1]. Ebenso war auch Paul Schlenther in seiner Besprechung des Romans der Ansicht, dass Céciles Selbstmord nicht sehr motiviert sei, wenn er auch einräumte, dass die Charakteristik in Cécile "einen Grad der Meisterschaft" erreiche, "der das Sprunghafte und Zufällige der Motivierung nicht nur übersehen lässt, sondern rechtfertigt"[2]. Im allgemeinen teilte man die Ansicht jenes Rezensenten, der, ebenfalls in der Vossischen Zeitung, schrieb: "Das Buch hat überhaupt zu drei Vierteilen keine Handlung, es liest sich grösstenteils wie die Schilderung einer recht hübschen Landpartie in den Harz, während deren sich die gemeinsamen Wanderer den Weg durch angenehme Gespräche verkürzen"[3]. Die Schlusskatastrophe erschien denn auch allen wie ein "vernichtendes Gewitter", das urplötzlich "auf einen heiteren und nahezu wolkenlosen Sommertag" folgt[4].

Dass Cécile von Anfang an nicht als eine harmlose Erzählung beabsichtigt war und das tragische Ende nicht einfach dem Versagen Fontanes, dem Werk einen einheitlichen Ton zu geben, zuzuschreiben war, sondern es einer tragischen Grundkonzeption folgte, geht aus einem Brief Fontanes an Paul Schlenther hervor, in dem er zu dessen Kritik in der Vossischen Zeitung Stellung nahm:

> "Cécile ist doch mehr als eine Alltagsgeschichte, die liebevoll und mit einem gewissen Aufwande von Kunst erzählt ist. Wenigstens will die Geschichte noch etwas mehr sein. Sie setzt sich erstens vor, einen Charakter zu zeichnen, der, soweit meine Novellenkenntnis reicht (freilich nicht sehr weit), noch nicht gezeichnet ist, und will zweitens den Satz illustrieren: "Wer mal drin sitzt, gleichviel mit oder ohne Schuld, kommt nicht wieder heraus". Also etwas wie Tendenz. Auch das, wenigstens in dieser Gestaltung, ist neu."[5]

Während von der heutigen Literaturkritik der allgemein gesellschaftskritische Zug in den "angenehmen Gesprächen" erkannt worden ist und man Céciles Selbstmord nicht mehr als inkongruent ansieht, sondern mit der in allgemeiner Intoleranz erstarrten damaligen Gesellschaftsordnung motiviert, hat man es bisher unterlassen, sich spezifisch mit der Frage auseinanderzusetzen, ob und wieweit das tragische Ende Céciles durch die Stellung der Frau in der Gesellschaft jener Zeit verursacht und ob die Tendenz, die Fontane diesem Roman zuschrieb, etwas damit zu tun haben könnte. Diese Frage zu beantworten, setzt sich die folgende Analyse vor.

Das Verhältnis des Garde-Oberst a. D. Pierre von St. Arnaud zu seiner jungen Gattin Cécile scheint auf dem ersten Blick ganz von Fürsorge um ihre Gesundheit und Huldigung ihrer Schönheit bestimmt zu sein. Am Bahnhof, wo der Leser den beiden zum erstenmal begegnet, führt St. Arnaud Cécile fürsorglich, "wie man eine Rekonvaleszentin führt" (S. 313)[6], und im Eisenbahnabteil müht er sich mit einem Ausdrucke von Aufmerksamkeit und Teilnahme" um ihr Wohlbefinden (S. 315). Immer wieder macht St. Arnaud Cécile darauf aufmerksam, wie sehr er selbst und alles in ihrer Umgebung bloss auf die Huldigung ihrer Person angelegt ist. So malt er Cécile die Freuden der Sommerfrische aus: "'Und überall, wo ein Echo ist, lass ich einen Böllerschuss dir zu Ehren abfeuern'" (S. 316). Und als etwas später, bereits in ihrem Ferienhotel, ein plötzlicher Schwarm von Schmetterlingen Cécile umfliegt und ein zufälliger Windstoss eine Wolke von Rosenblättern auf sie zutreibt, da interpretiert St. Arnaud diese beiden zufälligen Naturereignisse für Cécile: "'Es bedeutet, dass dir alles huldigen möchte, gestern die Rosenblätter und heute die Schmetterlinge ... Oder glaubst du, dass sie meinetwegen kommen?'" (S. 383).

Doch all die Fürsorglichkeit und Ritterlichkeit, die St. Arnaud zu Tage legt, werden durch fast beiläufige Kommentare des Erzählers in ein zweideutiges Licht gerückt. So weist der Erzähler darauf hin, dass sich in jenem "Ausdrucke von Aufmerksamkeit und Teilnahme", mit dem St. Arnaud Cécile betrachtet und der "unbedingt für ihn eingenommen haben würde", ein "Zug von Herbheit, Trotz und Eigenwillen" einmischte, der "die freundliche Wirkung wieder gemindert hatte" (S. 315).

Auch die Beobachtungen, die der Zivilingenieur Herr von Leslie-Gordon, einer der Sommergäste des Hotels, in dem die St. Arnauds verweilen, über das Ehepaar anstellt, weisen darauf hin, dass St. Arnauds ganz auf Ritterlichkeit ausgerichtetes Benehmen nicht gerade das ist, als was es scheinen will. So schreibt Gordon in einem Brief an seine Schwester über St. Arnaud:

"Es ist unmöglich, sich etwas Unverheirateteres vorzustellen als ihn, trotzdem er voll Courtoisie gegen die junge Frau, ja gelegentlich selbst voll anscheinend grosser Aufmerksamkeit ist. Aber sie wirken äusserlich, und wenn sie nicht bloss in chevaleresker Gewohnheit ihren Grund haben, so doch jedenfalls zur grösseren Hälfte." (S. 364)

Bei dem Vorfall an der Rosstrappe wird denn auch deutlich, dass St. Arnauds Ritterlichkeit weniger der Sorge um Céciles Wohlbefinden entspringt als vielmehr einem schlecht verhehlten Wunsche, diese zu demütigen und in eine unterlegene Stellung zu verweisen. So fragt der Oberst Cécile vor ihren Begleitern Gordon und Rosa: "'Werden auch deine Nerven ausreichen? ... oder nehmen wir lieber einen Tragstuhl? Der Weg bis zur Rosstrappe mag gehen. Aber hinterher die Schnurre? Der Abstieg ist etwas steil und fährt ins Kreuz und Rücken, oder um mich wissenschaftlicher auszudrücken, in die Vertebrallinie'" (S. 340). Céciles Reaktion bezeugt deutlich den beleidigenden Unterton dieser Worte: "Der schönen Frau blasses Gesicht wurde rot, und Gordon sah deutlich, dass es sie peinlich berührte, den Schwächezustand ihres Körpers mit solchem Lokaldetail behandelt zu sehen" (S. 340).

Wenn Gordon in einem Bericht über diesen Vorfall an seine Schwester zwar einräumt, dass St. Arnaud mit seiner scheinbar so kapriziösen jungen Frau einen schweren Stand habe, denn "'nimmt er's leicht, wo sie's vorzieht, krank zu sein, so verdriesst es sie, und nimmt er's schwer, wo sie's vorzieht, gesund zu sein, so verdriesst es sie kaum minder'", so stellt er doch auch die Vermutung an, dass die Haltung des Oberst seiner Frau gegenüber sehr von dessen eigener Launenhaftigkeit abhängig ist: "'Dass sie nervenkrank ist, ist augenscheinlich, aber der

Oberst (vielleicht, weil es ihm passt) macht unter Umständen mehr davon als nötig' " (S. 362).

Ein weiterer Vorfall bestätigt die Vermutung Gordons. Während eines kalten Nachtrittes, der Cécile offensichtlich ziemlich angreift, nimmt sich St. Arnaud, Céciles Zustand, den er wohl bemerkt, zum Trotze längere Zeit als nötig, um ein Denkmal zu betrachten: "'St. Arnaud sieht mich frösteln und weiss, dass ich die Minuten zähle. Doch was bedeutet es ihm?'" Und als Gordon daraufhin meint: "'Und ist doch sonst voll Aufmerksamkeit und Rücksichtnahme'", da liegt im "Ja" Céciles "eine Welt der Verneinung" (S. 415).

Es wird immer deutlicher, dass der schönen Cécile in ihrer Ehe mit St. Arnaud keine eigentlich glanzvolle Rolle zukommt, sondern dass sie eher das Objekt der Missachtung des ritterlich erscheinenden Oberst ist. So schreibt Rudolf Dreikurs in seiner Analyse der Beziehung der Geschlechter über die Ritterlichkeit:

> "Sie scheint Ausdruck von hoher Achtung vor der Frau zu sein. Aber ist sie das wirklich? Ist Ritterlichkeit nicht immer eine Haltung des Starken und Selbstherrlichen gegenüber dem Schwachen und Hilflosen? ... Aber es ist immer noch der alte männliche Trick, eine Frau mit Glorie zu umgeben, um ihre wirkliche Erniedrigung zu übertünchen."[7]

Dieser modernen Analyse entspricht die Einschätzung der St. Arnaudschen Ehe durch die emanzipierte Tiermalerin Rosa:

> "Mitunter freilich hat er seinen Tag der Rücksichten und Aufmerksamkeiten, und man könnte dann beinahe glauben, er liebe sie. Aber was heisst Liebe bei Naturen wie St. Arnaud? Und wenn es Liebe wäre, wenn wir's so nennen wollen, nun so liebt er sie, weil sie sein ist, aus Rechthaberei, Dünkel und Eigensinn, und weil er den Stolz hat, eine schöne Frau zu besitzen. In Wahrheit ist er ein alter Garçon geblieben, voll Egoismus und Launen, viel launenhafter als Cécile selbst." (S. 456)

Während hier von einer Frau klar erkannt wird, was der männlichen Rücksichtnahme und Aufmerksamkeit in Wahrheit zugrunde liegt, wird durch St. Arnaud die gesellschaftstypische Ansicht der Männer bezeugt, dass das Glück der Frau allein auf den von den Männern gespendeten Huldigungen beruhe. So meint der Oberst, als er und Cécile sich im Zuge ihrem Ferienort nähern: "'Sieh, Cécile ... ein Teppich legt sich dir zu Füssen, und der Harz empfängt dich à la Princesse. Was willst du mehr?'" (S. 317). In diesem "Was willst du mehr?" werden alle etwaigen Ansprüche Céciles deutlich von St. Arnaud allein auf solche bedeutungslosen Huldigungen beschränkt, ihr Glück allein auf diese verwiesen. Diese herablassende und bevormundende Haltung St. Arnauds Cécile gegenüber ist dabei durchaus typisch für den Adelsstand. Sie liegt in der patriarchalischen Ideologie des Adels begründet, die die Frau völlig von den diesem Stand anfallenden Pflichten und Rechten ausschliesst und sie nicht als individuelle Person anerkennt. Der Aufgabenbereich der Frau wird auf den Dienst am Manne beschränkt und damit das Wertgefühl der Frau wie auch ihr Lebenssinn allein von der Wertschätzung des Mannes abhängig gemacht.

Die beschränkende Enge solcher Auffassung vom Glück der Frauen und der zweifelhafte Wert von Huldigungen, die nichts als Bestätigung der Überlegenheit des Spenders sind und viel weniger zugunsten des Empfängers sprechen, als es den Anschein hat, werden durch die Geschichte des Altenbraker Präzeptors deutlich.

Dieser Präzeptor hatte seinen Dienst kurz vor seinem Jubiläum quittiert, zunächst aus Gewissensbissen, da er sich die Freiheit genommen hatte, seiner schwachen Augen wegen aus dem Stegreif zu predigen, statt den ihm vorgeschriebenen Evangelientext zu lesen. Aber noch etwas anderes war bei seiner Dienstquittierung im Spiele:

"Der Alte lächelte: "Nun ja, Gewissensbisse, das auch. Aber das alles, offen gestanden, blieb doch bloss die kleinere Hälfte. Die Hauptsache war, ich wollte dem Ehrentag entgehen, demselben Ehrentag, dessen der Oberst eben erwähnte... Weil ich der sogenannten 'Auszeichnung' entgehen wollte".
"Aus Bescheidenheit?"
"Nein, aus Dünkel... Auszeichnung und Auszeichnung ist ein Unterschied. Ein jeder freut sich seines Lohnes. Gewiss, gewiss. Aber wenn der Lohn kleiner ausfällt, als man ihn verdient hat oder wenigstens verdient zu haben glaubt, dann freut er nicht mehr, dann kränkt er. Und das war meine Lage. Man wollte mir ein Bändchen geben an meinem Jubiläumstage. Nun gut, auch ein Bändchen kann etwas sein; aber das, das meiner harrte, war mir doch zuwenig, und so macht ich kurzen Prozess und bin ohne Jubiläum, aber Gott sei Dank auch ohne Kränkung und Ärger aus dem Dienste geschieden. Ich weiss wohl, dass man nie recht weiss, was man wert ist, aber ich weiss auch, dass es die Menschen in der Regel noch weniger wissen. Und handelt es sich gar um ein armes Dorfschulmeisterlein, nun so geht alles nach Rubrik und Schablone, wonach ich mich nicht behandeln lassen wollte. Von niemanden, auch nicht von wohlwollenden Vorgesetzten. Und da hab ich demissioniert und dem Affen meiner Eitelkeit sein Zuckerbrot gegeben". (S. 405)

Durch diese von dem Präzeptor geäusserte Ansicht, dass der Wert und damit das Glück eines Menschen nicht von der Auszeichnung anderer abhängig ist, wird die enge Vorstellung St. Arnauds vom weiblichen Glück in Frage gestellt. Ironischerweise wird dies durch St. Arnauds Reaktion auf die Geschichte des Präzeptors bekräftigt: "Bravo', sagte der Oberst und reichte dem Alten beide Hände. 'Sich ein Genüge tun ist die beste Dekoration. Im letzten ist man immer nur auf sich und sein eigen Bewusstsein angewiesen, und was andre versäumen, müssen wir für uns selber tun. Das heisst nicht, sich überheben, das heisst bloss die Rechnung in Richtigkeit bringen'" (S. 405-406).

Durch die Kontrastierung dieser beiden Ansichten von St. Arnaud wird die minderwertige Stellung, die die Frau in den Augen der Männer einnimmt, deutlich. Denn was hier als gutes Recht des Mannes gilt, wird der Frau durchaus nicht zugebilligt. Durch solche Widersprüche jedoch kommt dem Leser der doppelte Massstab, mit dem man das Glück und den Wert von Frau und Mann misst, zum Bewusstsein und damit zugleich dessen Ungerechtigkeit, worauf wohl auch die übergeordnete Intention des Erzählers gerichtet war.

34

Während St. Arnaud sich über die Rolle der Frau als Objekt der Lust und Laune der Männer keine tieferen Gedanken macht, zeigt sich bei dem jüngeren, weitgereisten Gordon eine gewisse Bewusstheit der Opferrolle der Frau. Dies wird vor allem in seinen Betrachtungen über das Lustschloss Todtenrode deutlich:

> "Ihr Himmlischen, was mag sich alles in diesem Allerheiligsten abge-spielt haben, an Freud und Leid! Ja, auch an Leid. Denn der Krug geht so lange zu Wasser, bis er bricht, wobei mir übrigens die Serenissimi selbst die weitaus kleinste Sorge machen. Aber was so von Jugend und Unschuld mit in die Brüche geht, was so gemütlich mit hingeopfert wird in dem ewi-gen Molochdienste..." (S. 395)

Ob zwar aus diesen Worten Verständnis und Mitleid für die armen Opfer des Eros-dienstes sprechen, so enthüllt doch die verächtliche Art, in der Gordon, anlässlich des Porträts der schönen Gräfin Aurora von Königsmark, über Fürstengeliebte spricht, dass selbst er sich nicht von den gesellschaftstypischen Vorurteilen gegen-über diesen Frauen lösen kann: "'Denn Gräfinnen werden sie schliesslich alle, wenn sie nicht vorziehen, heilig gesprochen zu werden'" (S. 356). In dieser Äusserung wird das sexuelle Klischee deutlich, das besagt, dass Männer sexuellen Abenteuern nachgehen können, Frauen jedoch der sexuellen Versuchung widerstehen sollen. Diese doppelte Moral, die Gordon unterschreibt, wird denn auch von der bei diesem Ausspruch anwesenden Rosa klar erkannt: "'Ei, wie tugendhaft Sie sind', lachte Rosa. 'Doch Sie täuschen mich nicht, Herr von Gordon. Es ist ein alter Satz, je mehr Don Juan, je mehr Torquemada'" (S. 356).

Auch Gordon, der erkannt hat, dass Cécile nicht glücklich in ihrer Ehe ist (siehe S. 361), und der feinfühlig erahnt, dass der Grund dafür wohl darin liegen müsse, dass Cécile zwar "'Auszeichnungen und Huldigungen erfahren [habe], aber wenig echte Neigung und noch weniger Liebe'" (S. 418), gibt sich wie St. Arnaud den typisch männlichen Vorstellungen hin, dass das Glück der Frauen aus ober-flächlichen Liebesbezeugungen und Huldigungen der Männer bestehe:

> "Die Liebe... lebt von liebenswürdigen Kleinigkeiten, und wer sich eines Frauenherzens dauernd versichern will, der muss immer neu darum wer-ben, der muss die Reihe der Aufmerksamkeiten allstündlich wie einen Rosenkranz abbeten. Und ist er fertig damit, so muss er von neuem an-fangen. Immer dasein, immer sich betätigen, darauf kommt es an. Alles andere bedeutet nichts. Ein Armband zum Geburtstag, und wenn es ein Kohinur wäre, oder ein Nerz- oder Zobelpelz zu Weihnachten, das ist zu-wenig für dreihundertfünfundsechzig Tage. Wozu lässt der Himmel soviel Blumen blühen? Wozu gibt es Radbouquets von Veilchen und Rosen? Wozu lebt Felix und Sarotti? So denkt jede junge Frau..." (S. 466)

Vor allem an der Figur des Gordon, dieses sonst so einsichtsvollen und unerbitt-lichen Kritikers der Gesellschaft und ihrer Einrichtungen, bezeugt sich, wie hin-sichtlich der Frau die stereotypen Vorstellungen und Vorurteile sowie die Missach-tung ihres Menschentums und ihrer Würde sich machtvoller erweisen als alle ratio-nalen Einsichten. Gordon zeigt sich, unter dem Beifall der anwesenden Männer als ein "Ventillationshasser", der dem frischen Wind einer neuen Denkungsart das Be-harren im Althergebrachten vorzieht:

"Aufs letzte hin angesehen, also Extrem gegen Extrem, ... Zuviel Luft ist immer besser als zuwenig. Aber sehen wir von solch äussersten Fällen ab, so geb ich dem Ventilationsfeinde den Vorzug. Er mag ebenso lästig sein wie sein Gegner, ebenso gesundheitsgefährlich oder meinetwegen auch noch mehr; aber er ist nicht so beleidigend. Der Ventilations-Enthusiast brüstet sich nämlich beständig mit einem Gefühl unbedingter Superiorität, weil er, seiner Meinung nach, nicht bloss das Gesundheitliche, sondern auch das Sittliche vertritt. Das Sittliche, das Reine. Der, der sämtliche Fenster aufreisst, ist allemal frei, tapfer, heldisch, der der sie schliesst, allemal ein Schwächling, ein Feigling, un lâche... der Antagonist von Zug und Wind ist immer voll Timidität, der Enthusiast aber (und das ist schlimmer) voll Effronterie. " (S. 370)

Durch die dialektische Gegenüberstellung von Vorurteilsverfallenheit und Vorurteilslosigkeit innerhalb ein und derselben Romanfigur wird es dem Leser nahegelegt, beide Haltungen gegeneinander abzuwägen, was letzten Endes zu einem Neudurchdenken etablierter Positionen führen muss.

Wie steht nun Cécile zu diesen Vorstellungen über die Frau und zu der Rolle, die ihr von der Männerwelt zuerteilt wird? Nietzsche schrieb einmal: "Der Mann macht sich das Bild des Weibes, und das Weib bildet sich nach diesem Bilde"[8]. Dieser Ausspruch scheint sich an Cécile zu bewahrheiten. Dass Cécile es als die naturgemässe Bestimmung der Frau ansieht, der Männerwelt zu gefallen, und sie daher die Pflege und Erhaltung ihrer Schönheit zur Hauptaufgabe ihres Lebens gemacht hat, offenbart sich in ihrer Reaktion auf die Grabinschrift für den Schosshund der Fürst-Abbatissin im Schloss Quedlinburg: " 'Jedes Geschöpf hat eine Bestimmung. Auch der Hund. Dieser Hund erfüllte die seine, denn er war treu bis in den Tod' ". Auf die Lesung dieser Inschrift hin klopft Cécile "mechanisch und ohne zu wissen" (S. 354) an die Wandstelle, an der einst ein Kristallspiegel, das Lieblingsstück einer schwedischen Prinzessin, gehangen hatte. Dass es zudem die Grabinschrift eines Hundes ist, die solch offensichtliches Echo in Céciles Seele auslöste, lässt weitere Schlüsse auf Céciles Selbstbild zu.

Widerspruchslos scheint Cécile auch die untergebene Rolle, die einer Frau in der Ehe zukommt, zu akzeptieren. So versichert sie Gordon "in guter Laune ... lange genug verheiratet zu sein, um auch in kleinen Dingen Gehorsam und Unterordnung zu kennen" (S. 329). Sie scheint es als selbstverständlich anzusehen, dass Männer "zum Führer und Pfadfinder geboren" seien und es den Frauen zukomme, ihnen widerspruchslos zu folgen (S. 329).

Während Gordon sich über das "naive Minimalmass" von Céciles Bildung wundert - " 'was nicht in französischen Romanen und italienischen Opern vorkommt, das weiss sie nicht' "(S. 362) -, scheint Cécile ihren Mangel an Bildung als recht natürlich für eine Frau hinzunehmen. So bekennt sie unbefangen ihre historische Unwissenheit: " 'Es ist nicht jedermanns Sache, gründlich zu sein. Und nun gar erst wir Frauen. Sie wissen, dass wir jedem ernsten Studium feind sind' " (S. 379-380).

Akzeptiert Cécile auch ohne weiteres dieses gesellschaftliche Vorurteil gegen den weiblichen Intellekt, so wird durch die Worte St. Arnauds deutlich, dass dieser weibliche Mangel an intellektueller Ernsthaftigkeit und Gründlichkeit nicht so sehr aus der weiblichen Natur heraus zu erklären ist als vielmehr aus der Hal-

tung der Gesellschaft zur Frauenbildung: "Meinem persönlichen Geschmacke nach
brauchen Damen überhaupt nichts zu wissen. Und jedenfalls lieber zuwenig als zuviel ... Und wenn ich dich so vor mir sehe, so gehörst du zu denen, die sich's
schenken können ... Dich zu sehen ist eine Freude. Ja, lache nur; ich hab es gern,
wenn du lachst ... Also lassen wir das dumme Wissen ...'" (S. 342-343).

Auch der Brief Eva Lewinskis über Céciles Vergangenheit verdeutlicht,
dass Frauen wie Cécile nicht von Natur aus geistig minderwertig sind, sondern dass
sie dazu gemacht werden durch eine Erziehung, die nicht Wissen und Können, sondern den Mann als Lebensziel hinstellt:

> "An Erziehung war nicht zu denken. Frau von Zacha lachte, wenn sie hörte,
> dass ihre Töchter doch etwas lernen müssten. Sie selbst hatte sich dessen
> entschlagen und sich trotzdem sehr wohl gefühlt, bis zum Hinscheiden
> ihres Mannes gewiss und nachher kaum minder. Es stand fest für sie, dass
> eine junge schöne Dame nur dazu da sei, zu gefallen, und zu diesem Zwek-
> ke sei wenig wissen besser als viel. Und so lernten sie nichts." (S. 462)

Wenn Bildung für eine Frau als wünschenswert angesehen wird, dann nur deshalb,
weil es ihr gesellschaftliches Vorankommen - und das ihres Ehemannes - fördern
könnte. So meint St. Arnaud: "'Aber die Welt ist nun mal, wie sie ist, auch in diesem Stück, und verlangt, dass man dies und jenes wenigstens dem Namen nach
kenne ... du könntest dich etwas mehr kümmern um diese Dinge, vorallem mehr
sehen, mehr lesen'" (S. 342-343). Dazu erklärt St. Arnaud, Cécile müsse das
"Rechte" lesen:

> "Da hab ich neulich einen Blick auf deinen Bücherschrank geworfen und
> war halb erschrocken über das, was ich da vorfand. Erst ein gelber fran-
> zösischer Roman. Nun, das möchte gehen. Aber daneben lag: 'Ehrenström,
> ein Lebensbild, oder die separatistische Bewegung in der Uckermark'.
> Was soll das? Es ist zum Lachen und bare Traktätchenliteratur. Die bringt
> dich nicht weiter. Ob deine Seele Fortschritte dabei macht, weiss ich nicht;
> nehmen wir an 'ja', so fraglich es mir ist. Aber was hast du gesellschaft-
> lich von Ehrenström? ... für die Kreise, darin wir leben oder doch wenig-
> stens leben sollten, für die Kreise bedeutet Ehrenström nichts, Rosa Bon-
> heur aber sehr viel." (S. 343)

Ganz offensichtlich wird hier vom Erzähler ironische Kritik geübt an dem ober-
flächlichen Bildungsbegriff der preussischen Gesellschaft, besonders des Adels,
der in seinem Standesdünkel Bildung nicht für nötig hält[9]. Trotz dieser Kritik an
der Bildung, wie sie von der Gesellschaft verstanden wird, wird aber zugleich auch
klargemacht, dass Bildung das ist, "was eine Frau wie Cécile gebraucht hätte, um
nicht Objekt anderer zu sein"[10]. Denn allein die geistigen Fähigkeiten könnten ihr
Bewusstheit und damit ein anderes Leben, Selbstachtung und Selbstbewusstsein ver-
schaffen.

"'Was ist es mit dieser Frau? ... Ja sie hat ein Verlangen, eine Sehnsucht. Aber welche? Mitunter ist es, als sehne sie sich, von einem Drucke befreit
zu werden oder von einer Furcht und innerlichen Qual ...'" (S. 418). Dass etwas
auf der Seele der schönen Cécile lastet, dass sie nicht glücklich ist, trotz aller

Huldigungen der Männer, bezeugt sich darin, dass sie sich Glück nur als im Märchen möglich vorstellen kann, in einem Bereiche also, der ausserhalb jeden Anspruchs auf Wirklichkeit steht. So meint Cécile ganz zu Anfang der Erzählung: "'Gibt es nicht eine Geschichte: Die Reise nach dem Glück? oder ist es bloss ein Märchen?' 'Es wird wohl ein Märchen sein'" (S. 316). Dass sich Cécile in der Wirklichkeit der Gesellschaft kein Glück vorstellen kann, geht aus ihren Worten angesichts einer einsam gelegenen, von Efeu verdeckten Villa hervor: "'Wie zauberhaft ... Das ist ja das "verwunschene Schloss" im Märchen. Und so still und lauschig. Wirkt es nicht, als wohne der Friede darin oder, was dasselbe sagt: das Glück'" (S. 330).

Dass solch eine Glücksvorstellung, die die Gesellschaft und alle Lebenswirklichkeit ausschliesst, nicht als Lösung angesehen wird, wird durch Gordons Erklärung, was sich hinter dieser scheinbaren Idylle verbirgt, belegt:

> "... ich gehe täglich an diesem Hause vorüber und hole mir eine Predigt".
> "Und welche"?
> "Die, dass man darauf verzichten soll, ein Idyll oder gar ein Glück von aussen her aufbauen zu wollen. Der, der dies schuf, hatte dergleichen im Sinn. Aber er ist über die blosse Kulisse nicht hinausgekommen, und was dahinter für ihn lauerte, war weder Friede noch Glück. Es geht ein finsterer Geist durch dieses Haus, und sein letzter Bewohner erschoss sich hier, an dem Fenster da, ... und wenn ich so hinseh, ist mir immer, als säh er noch heraus und suche nach dem Glücke, das er nicht finden konnte." (S. 330-331)

Während deutlich gemacht wird, dass sich Cécile mangels Ausbildung ihres geistigen Erfassungsvermögens keine Alternativlösung zu ihrem offensichtlich unglücklichen Leben denken kann als die der völligen Isolation, wird durch die Person der Tiermalerin Rosa gezeigt, dass die Lage der Frau durchaus nicht fatalistisch hingenommen zu werden braucht, sondern dass selbst innerhalb einer in Vorurteilen befangenen Gesellschaft, die die Frau in jeder Hinsicht zu unterdrücken versucht, die Möglichkeit zu Selbstbestimmung und Selbstständigkeit besteht.

Rosa erweist sich in allen Stücken als Gegenbild zu Cécile. Da, wo Céciles Motto "nicht zu lang, und nicht zu viel" (S. 344) ist, zeigt Rosa einen unbändigen "Lerntrieb" und kann nie genug zu sehen oder zu hören bekommen. Dieser Bildungseifer Rosas ist typisch für die bürgerlichen Kreise, aus denen Rosa stammt. Denn im aufsteigenden Bürgertum der Gründerzeit wird Bildung ebenso wie materielle Güter als zu erwerbender Besitz angesehen, der dazu angetan ist, die Aufstiegschancen zu vergrössern (siehe Anmerkung 9). In diesem Sinne ist es bezeichnend, dass Rosa auch im Landschaftlichen alles, was "Weitblick" verspricht, dem Engen und Eingeschlossenen vorzieht (siehe S. 332), während Cécile eine Vorliebe für enge, eingeschlossene Landschaften zeigt. So interessiert sie an Quedlinburg - mehr als Klopstock, Rathaus und Kirche - der grosse Kasten mit dem Vorlegeschloss, in dem der Regensteiner für zwanzig Monate eingeschlossen war (siehe S. 345). Ihr enger Gesichtskreis bezeugt sich auch darin, dass sich Cécile nur für das, womit sie sich identifizieren kann, interessiert. So fesseln Rosas Landschaftszeichnungen Cécile auch nur dann, wenn sie in ihnen einen Platz wiederzuerkennen glaubt, an dem sie selbst gewesen war (siehe S. 333).

Rosas unbefangenes und freies Wesen gewinnt ihr die Sympathie von St.
Arnaud, Gordon und Cécile. Durchdrungen von ihrem künstlerischen Können zeigt
sie ein unbedingtes Selbstvertrauen und grosse Sicherheit. Den Spott, den sie zu ertragen hat, da sie ihrer Neigung zur Tiermalerei lebt, die von der Gesellschaft als
unschicklich für eine Dame angesehen wird, nimmt sie leicht: "'Man kommt darüber hin. Und Spielverderberei gehöt ohnehin nicht zu meinen Tugenden!'" (S. 334).
Die Position des Aussenseiters, die in der konservativen Gesellschaft Preussens
dem Künstler und vor allem der Künstlerin zugewiesen wurde, hat Rosa dazu be-
nutzt, ihren Drang nach individueller Freiheit und Mobilität in Wirklichkeit auszu-
leben. So hat Rosa auch den Spottname Rosa Malheur, den ihr ihre Malerei einge-
tragen hat, ins Gegenteil verwandelt, wie Gordon es bemerkt: "'Manchem glückt es,
überall ein Idyll zu finden; und wenn er's nicht findet, so schafft er's sich. Ich
glaube, Sie gehören zu diesen Glücklichen'" (S. 397). Die Möglichkeit, sich des von
einem Namen ausgehenden Zwanges zu entledigen, wird hier an Rosa verdeutlicht.
Damit wird sie zum Gegenbild Céciles, der es eben nicht gelingen wird, sich von
den Vorstellungen der Gesellschaft und dem Zwangscharakter, der von ihnen ausgeht, zu befreien[11].

In Rosa wird damit also Cécile eine Frau gegenübergestellt, die in freier
Selbstverantwortung steht, uneingeschüchtert von einer Gesellschaft, die Frauen
verbieten will, ihren Neigungen, ihrem Selbst, zu leben, unter dem Vorwande, sie
vor der rauhen Wirklichkeit schützen zu wollen. Im Gegensatz zu Cécile hat Rosa
ihren Schwerpunkt in sich selbst gefunden und ist dabei - das wird deutlich -, glück-
licher als Cécile, die ihren Wert allein von der Bewunderung der Männer abhängig
sieht. Dass, wie ein Kritiker es ausdrückt, Rosas Emanzipation durch ihre fehlen-
de erotische Ausstrahlung erleichtert worden ist, mag zutreffen. Immer wieder
wird im Verlaufe des Romans darauf hingewiesen, dass Schönheit eine Gefahr für
eine Frau ist. Dass die Freiheit Rosas aber von demselben Kritiker "Narrenfrei-
heit"[12] genannt wird, muss zurückgewiesen werden. Man kann diesen Ausdruck nur
dann gebrauchen, wenn man davon ausgeht, dass die Bewunderung des Mannes in
der Tat das Wichtigste im Leben einer Frau ist. In diesem Roman wird aber die
Freiheit der Selbstbestimmung, deren sich Rosa erfreut, ob zwar sie weniger von
den Männern begehrt wird als Cécile, als wünschenswerter hingestellt als die Versklavung Céciles durch die Bewunderung der Männer. Durch die Figur der sympat-
hischen Rosa wird zugleich die Absurdität der gesellschaftlichen Massstäbe entlarvt,
die den Wert einer Frau allein an deren Schönheit messen. Damit wird durch Rosa
eine konkret gewordene Utopie des weiblichen Glücks dargestellt.

"'Aber Frauen wie Cécile vergegenständlichen sich nichts und haben gar
nicht den Drang, sich innerlich von irgendwas zu befreien, auch nicht von dem, was
sie quält'" (S. 425). In der Tat scheint es zunächst zuzutreffen, dass Cécile sich
ihrer inneren Qual und deren Ursache nur dumpf bewusst ist. Ihre nie genau defi-
nierte Kränklichkeit scheint psychosomatisch, ein ihr selbst nicht bewusster Ausdruck ihrer seelischen Verzweiflung zu sein. Auch Céciles sogenannte Kapriziosi-
tät erweist sich bei näherer Betrachtung nicht nur als Launenhaftigkeit einer schönen Frau, wie Gordon es auslegt: "'Ja, sie hat Capricen, was an einer schönen
Frau nicht sonderlich überraschen darf ... nimmt er's leicht, wo sie's vorzieht,
krank zu sein, so verdriesst es sie, und nimmt er's schwer, wo sie's vorzieht,
gesund zu sein, so verdriesst es sie kaum minder'" (S. 361-362).

Céciles "capriciöses" Benehmen kann vielmehr als Erscheinung einer tiefen Selbstentfremdung ausgelegt werden. Einerseits möchte sie, was nur natürlich für eine junge Frau ist, gesund und kraftvoll sein, und sie wird missmutig, wenn St. Arnaud ihr diesen Anspruch durch seine übertriebene Fürsorglichkeit verwehrt. Andererseits scheint sie zu fühlen, dass gerade ihre Hinfälligkeit und Kränklichkeit ihr so etwas wie Macht über die Männer eingibt, indem diese sie zur Aufmerksamkeit und Rücksichtnahme zwingen - und so wird sie missmutig, wenn St. Arnaud ihr seine Fürsorglichkeit verwehrt.

Vage scheint sich Cécile aber bewusst zu sein, dass sie mit dieser ihrer "Macht" St. Arnaud das Mittel in die Hände spielt, sie zu beherrschen und sie in demütigende Abhängigkeit von seiner jeweiligen Laune zu bringen. Damit wird ihr auch verwehrt, sie selbst zu sein. In der Episode des Nachtrittes, in der St. Arnaud ohne Rücksicht auf die fröstelnde Cécile den Heimritt willkürlich verzögert (siehe S. 415), gibt Cécile diesem Wissen unbestimmten Ausdruck und ebenso in ihrer Reaktion auf St. Arnauds beleidigend detaillierten Hinweis auf die Hinfälligkeit ihres Körpers (siehe S. 340). In der Episode des Eselsrittes jedoch, in der St. Arnaud, in deutlicher Demütigung der auf einem Esel reitenden Cécile, sich ein Pferd satteln lässt, drückt Cécile in ihrem Wunsche, ebenfalls ein Pferd reiten zu wollen, mit überraschender Konkretheit aus, dass ihr die untergeordnete Stellung, die ihr als Ehefrau zugewiesen wird, und die ständige Demütigung, die darin für sie liegt, durchaus bewusst ist. Als Gordon sie drängen will, doch um ihrer Bequemlichkeit willen dennoch einen Esel zu reiten, antwortet ihm Cécile: " 'Darin finden Sie sich nicht zurecht, Herr von Gordon; dazu muss man verheiratet sein. Die Männer sitzen ohnehin auf dem hohen Pferd; schlimm genug; reitet man aber gar noch aus freien Stücken zu Esel neben ihnen her, so sieht es aus wie Gutheissung ihres de haut en bas. Und das darf nicht sein' " (S. 412). In diesen Worten der sonst so fügsamen Cécile drückt sich neben klarer Bewusstheit auch ein passiver Widerstand aus, der an eine Briefstelle Fontanes erinnert: "Ich habe das Leben immer genommen, wie ich's fand und mich ihm unterworfen. Das heisst, nach aussen hin; in meinem Gemüthe nicht ... "13.

In Céciles Vorstellung, was eine gute Ehe ausmache, wird wohl am deutlichsten Gordons Ansicht, Cécile könne sich nichts "vergegenständlichen", widerlegt: " 'In einer guten Ehe muss sich alles ausgleichen und balancieren, und der eine hilft dem andern heraus' " (S. 403). Hierin bezeugt sich die Bewusstheit Céciles, dass das wahre Glück einer Frau nicht in der Bevormundung durch den Mann liegt, sondern auf der gleichberechtigten Aktivität der Frau und damit auf der Gleichwertigkeit der Frau beruht. Damit wird der Utopie weiblichen Glücks eine konkrete Vorstellung zugrunde gelegt und zugleich Kritik an der patriarchalischen Wirklichkeit der konventionellen Ehe geübt.

Hier muss man sich nun die Frage stellen, ob Cécile Möglichkeiten der Emanzipation der Frau sieht, die zu einer Verwirklichung ihrer Glücksutopie führen könnten. Wie Cécile zu diesen Möglichkeiten steht, kann aus ihrer Haltung zu Rosa, die die Verkörperung dieser Möglichkeiten darstellt, herausgelesen werden.

Nach ihrer ersten Begegnung mit Rosa äussert sich Cécile ihrem Mann gegenüber folgendermassen über sie: " 'Gewiss, ich finde das Fräulein sehr unterhaltlich, aber doch etwas emanzipiert oder, wenn dies nicht das richtige Wort ist, etwas zu sicher und selbstbewusst' " (S. 364-365). Die Kritik an Rosas emanzipiertem Betragen, das allen Forderungen nach weiblicher Bescheidenheit und Hilflosigkeit zuwider läuft, wird in Céciles Worten offensichtlich. Cécile zeigt sich hier so befangen in den gesellschaftlichen Vorstellungen konventioneller Weiblichkeit, dass es ihr unmöglich ist, diese Anschauungen über das Wesen der Weiblichkeit einer objektiven und nüchternen Kritik zu unterziehen.

Sich Rosa zum Vorbild zu nehmen, würde für Cécile bedeuten, auf die Huldigungen der Männer zu verzichten und ihren Wert aus sich selbst abzuleiten. Dass Cécile diese Möglichkeit nichts weniger als abschreckend empfindet und sie es als leichter ansieht, den bereits gewohnten Schmerz der Demütigung und Ausbeutung durch die Männer zu ertragen, als deren Anbetungen zu entbehren, geht aus folgendem Gespräch mit St. Arnaud hervor, in dem Cécile sich selbst und Rosa zu den Figuren der Zerline und Donna Elvira aus Mozarts Oper Don Giovanni in Beziehung setzt:

> "Wenn ich mir Rosa als Zerline denke".
> "Und Cécile als Donna Elvira".
> Sie lachte herzlich ... "Donna Elvira", wiederholte sie. "Die Rolle der
> Verschmähten! Wirklich, es wäre die letzte meiner Passionen, und wenn
> ich mich da hineindenke, so muss ich dir offen gestehen, es gibt doch
> allerlei Dinge..."
> "Die noch schwerer zu tragen sind als die, die wir tragen müssen. Ja,
> Cécile, sprich es nur aus. Und du solltest dich jeden Tag daran erinnern".
> (S. 365)

Dass Cécile durchaus mit der Ergänzung ihrer Gedanken durch St. Arnaud einverstanden ist, geht aus ihrer Reaktion dazu hervor: "Jedes dieser Worte tat ihr wohl" (S. 365). Die Einsicht, dass Zerline in Mozarts Oper nicht weniger Opfer selbstsüchtigen männlichen Begehren ist als Donna Elvira, bleibt Cécile hier verschlossen. Offensichtlich übertönen in Céciles Erinnerung die Schmeicheleien des Don den Schreckensschrei der verführten Zerline.

So wie Cécile die Möglichkeit verkennt, durch Verzicht auf die Huldigung der Männer ihre Unabhängigkeit zu erlangen, ist es ihr offensichtlich auch nicht bewusst, dass Bildung, Wissen und Beruf ein andrer Weg zur Selbstbestimmung der Frau und ihrer Gleichstellung mit den Männern ist. So meint sie tadelnd über Rosa: " 'Sie schlägt gelegentlich einen Weisheits- und Überlegenheitston an, als ob sie Gordons Grosstante wäre' " (S. 365).

Cécile als Angehörige der priviligierten, verwöhnten und von der Realität des Tages abgeschirmten Adelsklasse, der als Klasse insgesamt das Konzept des Gelderwerbs durch Berufstätigkeit fremd ist, muss natürlich vor allem als Frau der Wert der praktischen Selbständigkeit, die ein Beruf gibt, völlig fremd sein. Erzogen in der Idee, dass allein die Ehe Versorgung für die Frau bedeutet und dass der Mann der Hauptinhalt im Leben der Frau ist, kann Cécile es gar nicht einschätzen, was es für die Selbstbestimmung der Frau bedeutet, einen ausfüllenden Beruf, wie Rosa ihn besitzt, zu haben.

Wir sehen also, dass Cécile von der gesellschaftlichen Ideologie vom Idealbild der Frau so bestimmt ist, dass sie gar nicht erkennt, dass diese Ideologie jede Möglichkeit ausschliesst, jenes Glück zu verwirklichen, das sie als das

Wahre erkannt hat. Sie ist so befangen, dass sie die Möglichkeiten, die ihr den Weg zum Glück eröffnen könnten, nicht als solche erkennt.

Indem sie so die Ansichten der Gesellschaft unkritisch zu den ihren macht, übernimmt sie auch widerspruchslos das sexuelle Klischee, das die Gesellschaft aufstellt, nämlich: dass Frauen ihre Jungfräulichkeit bis zur Ehe bewahren müssten. Dabei erkennt Cécile nicht, dass die Erziehung, die die Gesellschaft den Frauen zukommen lässt, diese sozusagen zur Prostitution prädestiniert. Und so nimmt die ehemalige Fürstengeliebte in aller Demut den beleidigenden Ton Gordons entgegen, in dem er zu ihr spricht, nachdem er über ihre Vergangenheit erfahren hat.

Gordons unmittelbare Reaktion auf die Enthüllung von Céciles Vorgeschichte ist durchaus verständnisvoll:

"Arme Cécile! Sie hat sich dies Leben nicht ausgesucht, sie war darin geboren, sie kannt es nicht anders, und als der Langerwartete kam, nach dem man vielleicht schon bei Lebzeiten des Vaters ausgeschaut hatte, da hat sie nicht nein gesagt. Woher sollte sie dies 'Nein' auch nehmen? Ich wette, sie hat nicht einmal an die Möglichkeit gedacht, dass man auch 'nein' sagen könne; die Mutter hätte sie für närrisch gehalten, und sie sich selber auch". (S. 464)

Doch Gordons anfängliche Einsicht weicht der Blindheit gesellschaftlicher Vorurteile. Obwohl er Cécile schätzen und achten gelernt hat, ist ihm durch ihre Vergangenheit ihr menschlicher Wert so gemindert, dass er ihr sowohl die gesellschaftliche wie auch die menschliche Achtung versagt. Er ist ebenfalls in der Ideologie seiner Klasse vom Idealbild der Frau befangen. Und so kommt es, dass Gordon Cécile gegenüber in eine Sprache verfällt, "die zu mässigen oder gar schweigen zu heissen er nach dem Inhalt von Clothildens Briefe nicht mehr für geboten" hält (S. 472).

Gordon kann in Cécile nicht mehr den Menschen sehen, als den er sie gekannt hat, sondern er sieht nur noch das Genrehafte, den Typ der Mätresse. Als daher Gordon Cécile zusammen mit dem Geheimrat in der Opernloge entdeckt, und beide die Loge später vorzeitig verlassen, kann er sich dies nur auf eine Weise deuten: "... tollste Bilder schossen in ihm auf und jagten sich, und ein Schwindel ergriff ihn ... Und damit erhob er sich, um dem flüchtigen Paare zu folgen. Fand er sie, schlimm genug, fand er sie nicht ... Er mocht es nicht ausdenken" (S. 481).

Hat Cécile bei Gordons sie so degradierenden Annäherungsversuchen noch demütig um Achtung gebeten, so erkennt sie bei Gordons empörendem Einbruch in ihren Salon mit plötzlicher Klarheit seine ihn selbst erniedrigende Rückgratlosigkeit, die ihn dazu gebracht hat, sie so ungerechtfertigt zu verkennen und sich stereotypen Vorstellungen zu beugen.

"Sie suchen es alles an der falschen Stelle. Nicht meine Haltung im Theater ist schuld und nicht mein Lachen oder mein Fächer, und am wenigsten der arme Geheimrat, der mich amüsiert, aber mir ungefährlich ist, ach, dass Sie wüssten, wie sehr. Nein, mein Freund, was schuld ist an ihrer Eifersucht oder doch zum mindesten an der allem Herkömmlichen hohnsprechenden Form, in die Sie Ihre Eifersucht kleiden, das ist ein andres. Sie sind nicht eifersüchtig aus Eifersucht; Eifersucht ist etwas Verbindliches, Eifersucht schmeichelt uns, Sie aber sind eifersüchtig aus Überheblichkeit und Sittenrichterei. Da liegt es. Sie haben eines schönen Tages die Lebensgeschichte des armen Fräuleins von Zacha gehört, und diese Lebensgeschichte können Sie nicht mehr vergessen. Sie schweigen, und ich sehe daraus, dass ich's getroffen habe. Nun, diese Lebensgeschichte, so wenigstens glauben Sie, gibt Ihnen ein Anrecht auf einen freieren Ton, ein Anrecht auf Forderungen und Rücksichtslosigkeiten und hat Sie veranlasst, an diesem Abend einen doppelten Einbruch zu versuchen: jetzt in meinen Salon und schon vorher in meine Loge..." (S. 486)

Gordon und mit ihm die ganze Gesellschaft, die sie immer im Recht geglaubt hat, enthüllen sich nun Cécile in ihrer ganzen Unmenschlichkeit und verlogenen, doppelbödigen Moral. Sie erkennt, dass nicht sie selbst die Verachtenswerte ist:

"Ich habe Sie für einen Kavalier genommen oder, da Sie das Englische so lieben, für einen Gentleman und sehe nun, dass ich mich schwer und bitter in Ihnen getäuscht habe ... Ich habe Sie verwöhnt und mein Herz vor Ihnen ausgeschüttet, ich habe mich angeklagt und erniedrigt, aber anstatt mich hochherzig aufzurichten, scheinen Sie zu fordern, dass ich immer kleiner vor ihre Grösse werde". (S. 484)

Cécile erkennt zugleich den gesellschaftlichen Teufelskreis, in den Gordon sich durch sein Betragen zu bringen droht. Denn während sein Betragen gesellschaftstypischem Denken entsprungen war, so verletzt es doch auch zugleich gewisse gesellschaftliche Vorstellungen von Anstand und Ehre. Im Gegensatz zu der männermordenden Venus der Tannhäuser-Oper, zu der hier von Fontane ganz deutlich eine Parallele gezogen wird, versucht Cécile sich dieser ihr von Gordon zugewiesenen Rolle zu entledigen und diesen vor dem Verderben zu bewahren: "'... hören Sie denn, ich bin nicht schutzlos. Ich beschwöre Sie, zwingen Sie mich nicht, diesen Schutz anzurufen, es wäre Ihr und mein Verderben'" (S. 484).

Mit Entschiedenheit wehrt sich Cécile dagegen, dass ihr die Gesellschaft wiederum die Schuld am Tode eines Mannes zuschieben will, wie zuvor den Duelltod Dzialinskys, der ebenfalls nicht um ihrer eigenen Ehre willen verursacht wurde als vielmehr um der Bewahrung von St. Arnauds Ehre. Dass sie zur Verteidigerin Gordons vor St. Arnaud wird, bedeutet nicht, dass sie Gordons Benehmen und die gesellschaftliche Denkweise, der es entsprungen ist, sanktioniert. Indem sie "'alles, was geschehen ist, [als] natürlich und, weil natürlich, auch verzeihlich'" (S. 491) ansieht, wird vielmehr Kritik an einer Gesellschaft ausgedrückt, in der so etwas "natürlich" sein kann. In ihrem Verzeihen Gordons äussert sich Céciles moralische Überlegenheit. Zugleich aber setzt sie durch diese grossmütige Verzeihung der Gesellschaftsverfallenheit Gordons ihren Entschluss entgegen, die gesellschaftliche Konvention nicht fatalistisch als Schicksal hinzunehmen. Cécile, so zeigt sich hier, hat erkannt, dass alles letzten Endes in der Verantwortung des Individuums liegt: "'Und ob ich in der Welt Eitelkeiten stecke, heut und immerdar, eines dank ich der neuen Lehre: das Gefühl der Pflicht. Und wo dies Gefühl ist, ist auch die Kraft'" (S. 486-487).

Das Duell, zu dem es gegen Céciles Willen kommt, bezeugt dramatischer als bisher, wie nichtig die Stellung der Frau in der Gesellschaft ist. Denn in diesem Duell geht es nicht um gekränkte Frauenehre, sondern um verletzten Mannesstolz. Der Erzähler lässt denn auch keinen Zweifel an dem Motiv, das der "Ritterlichkeit" St. Arnauds zugrunde liegt:

> "Nicht das Liebesabenteuer als solches weckte seinen Groll gegen Gordon, sondern der Gedanke, dass die Furcht vor ihm, dem Manne der Determiniertheiten, nicht abschreckender gewirkt hatte. Gefürchtet zu sein, einzuschüchtern, die Superiorität, die der Mut gibt, in jedem Augenblicke fühlbar zu machen, das war recht eigentlich seine Passion. Und dieser Durchschnitts-Gordon, ... der hatte geglaubt, über ihn weg sein Spiel spielen zu können. Dieser Anmassliche ..." (S. 490-491)

Cécile, um deren Ehre dieses Duell ja dem Namen nach ausgetragen wird, wird gar nicht gefragt. Dass sie willens ist, Gordon zu verzeihen, wird missachtet. "Sie ist bloss Stein des Anstosses; und mehr noch ist sie Objekt"[14]. Obwohl es in diesem Duell um die Befriedigung der Männerehre geht, wird der Makel der Schuld und die Verantwortung letzten Endes an Cécile haften bleiben. Und dagegen, wieder in eine solche Rolle gegen ihren ausdrücklichen Willen von der Gesellschaft gedrängt worden zu sein, und gegen die Missachtung ihres Menschentums, die sich darin ausspricht, scheint sich Cécile durch ihren Freitod zu wehren. Ihr Selbstmord wird damit weniger zu einem Akt fatalistischer Resignation als zu einem Akt der Selbstbehauptung. Dass Cécile kein anderer Weg von der Gesellschaft offengelassen wird, wird zur Anklage gegen eine Gesellschaft, die einer Frau keinen Spielraum der Freiheit lässt.

Endet dieser Roman auch mit einer Katastrophe, so wird doch der fiktiven und wirklichen Nachwelt gezeigt, wie solche Katastrophe hätte verhindert werden können, wenn man nämlich Cécile das gegeben hätte, was die Welt ihr verweigert hatte: "Liebe und Freundschaft und um der Liebe willen auch Achtung ..." (S. 497). In diesen letzten Zeilen Céciles wird eine Utopie des Glücks heraufbeschworen, die die Grundlage für das Glück nicht nur der Frauen, sondern aller Menschen ist.

Wenn Fontane auch keine "klare Lösung" gibt und kein "Happy-end", so deutet er doch durch die ständige Kontrastierung von Figuren und Ideen in diesem Roman an, dass alles letzten Endes nur von dem Bewusstsein der Menschen abhängig ist. Statt simplistische Lösungen zu vermitteln, fordert der Roman gerade durch seine Offenheit den Leser dazu auf, zu eigenen Schlüssen zu kommen. Damit wird der Roman in einem fast modernen Sinne zu einem Denkprozess, in den der Leser miteinbezogen wird und der ihm die Möglichkeiten gibt, über festgefahrene Denkpositionen hinaus zu neuen Einsichten zu kommen. Fontane scheint mit dieser Methode der Einsicht zu folgen, die er in einem Brief an Friedländer ausdrückt, dass nämlich mit "Predigten und Preskripten" der Sache nicht beizukommen ist, dass aber schon viel gewonnen ist, "wenn die moderne Menscheit zur Einsicht der Sachlage kommt, wenn sie sich im Spiegel sieht und einen Schreck kriegt"[15].

Anmerkungen

1) Carl Ringhoffer, Vossische Zeitung, 18.6.1887, zitiert nach Gotthard Erler in Fontane, Romane und Erzählungen, IV, 580.

2) Paul Schlenther, Vossische Zeitung, 27.5.1887, zitiert in Fontane, Romane und Erzählungen, IV, 577.

3) Ringhoffer, zitiert in Fontane, Romane und Erzählungen, IV, 580.

4) Ringhoffer, S. 580.

5) Theodor Fontane, Briefe an seine Freunde, hrsg. von Otto Pniower und Paul Schlenther (Berlin: L. Fontane, 1925), II, 128-129, Brief vom 2.6.1887.

6) Alle Seitenangaben im laufenden Text beziehen sich auf Fontane, Romane und Erzählungen, Bd. IV.

7) Rudolf Dreikurs, Die Ehe - eine Herausforderung (Stuttgart: Klett Verlag, 1972), S. 48.

8) Zitiert nach Hedwig Dahm, Die Antifeministen (Berlin: o.V., 1902), S. 27.

9) Ehrhard Bahr, "Fontanes Verhältnis zu den Klassikern", Pacific Coast Philology, 11 (1976), 17.

10) Müller-Seidel, Theodor Fontane, S. 194-195.

11) Magdalene Heuser, "Fontanes Cécile: Zum Problem des ausgesparten Anfangs", Zeitschrift für deutsche Philologie, 92 (1973), 51.

12) Gerhard Friedrich, "Die Schuldfrage in Fontanes Cécile", Jahrbuch der deutschen Schillergesellschaft, 14 (1970), 20.

13) Fontane, Briefe an Georg Friedländer, S. 235, Brief vom 3.10.1893.

14) Müller-Seidel, Theodor Fontane, S. 184.

15) Fontane, Briefe an Georg Friedländer, S. 147, Brief vom 27.5.1891.

III.

EFFI BRIEST

Im Gegensatz zu Cécile und Victoire von Carayon ist Effi Briest weder vom Makel einer fragwürdigen Vergangenheit noch vom Makel der Hässlichkeit belastet. Sie tritt dem Leser am Anfang des Romans als vollkommene Verkörperung des gesellschaftlichen Idealbildes der Frau entgegen, jung und jungfräulich, schön und aus gutem Hause. Es gibt keine Trübung in Effis Verhältnis zur Gesellschaft. Sie steht der Ideologie ihrer Klasse völlig unkritisch und akzeptierend gegenüber. So bezweifelt sie keinen Moment die Berechtigung des traditionellen Überlegenheits- und Privilegienanspruchs ihrer Klasse. Sie findet daher auch den Namen Geert von Innstetten keineswegs so komisch wie ihre bürgerlichen Freundinnen, die sich über die Altertümlichkeit und Ungewöhnlichkeit dieses Namens lustig machen. "'Ja, meine Liebe ... Dafür sind es eben Adelige. Die dürfen sich das gönnen, und je weiter zurück, ich meine der Zeit nach, desto mehr dürfen sie sich's gönnen' "[1] (S. 12). Der leisen Ironie ihrer Worte ist sich Effi selbst dabei völlig unbewusst.

Sowenig Effi die Sonderstellung des Adels in Frage stellt, so wenig zeigt sie sich skeptisch gegenüber den adligen Konzeptionen von Liebe, Ehe und der Rolle, die der Frau dabei zugewiesen ist. Das Vorbild der Ehe ihrer Mutter vor Augen, sieht auch sie die Ehe als Mittel an, die sozialen Aufstiegschancen der Frau zu verbessern. Der Verzicht ihrer Mutter auf eine Liebesheirat mit Innstetten kommt ihr daher als etwas Selbstverständliches vor: "'Nun, es kam, wie's kommen musste, wie's immer kommt. Er war ja noch viel zu jung, und als mein Papa sich einfand, der schon Ritterschaftsrat war und Hohen-Cremmen hatte, da war kein langes Besinnen mehr, und sie nahm ihn und wurde Frau von Briest' " (S. 13). Entsagung zugunsten von gesellschaftlichen Konventionen, wie sie von ihrer Mutter geübt wurde, sieht Effi als selbstverständliche Tatsache im Leben einer Frau an. Da sie selbst dieser Erfahrung noch nicht ausgesetzt war, ist sie sich deren potentiellen Schmerzlichkeit nicht bewusst, und daher meint sie auch: "'Eine Geschichte mit Entsagung ist nie schlimm'" (S. 11). Durch ständige Anspielungen auf Effis Jugend wird allmählich deutlich, dass die so vollkommen erscheinende Vergesellschaftung ihrer Persönlichkeit vor allem auf ihre kindliche Unreflektiertheit und Unerfahrenheit zurückzuführen ist. Die Darstellung von Effis Verhalten gegenüber ihrer Mutter und ihren Freundinnen erweist sie als ungekünstelte, warmherzige und liebenswürdige kleine Person, die im Grunde nichts von dem Standesdünkel und der Affektiertheit der von ihr vorgebrachten Glaubenssätze an sich hat.

Der jungenhafte Übermut, den Effi zeigt, wenn sie ihre "langweilige Stickerei" (S. 10) immer wieder durch spielerische Gymnastikübungen unterbricht, zeigt deutlich, dass Effis Bekenntnis zu dem Lieblingssatz ihres Vaters: "Weiber weiblich, Männer männlich" (S. 10) nur aus ihrer kindlichen Unüberlegtheit kommt und sie sich der Diskrepanz zwischen dieser gesellschaftlichen Forderung und ihrem eigenen Wesen völlig unbewusst ist. Effis völlige Unbekümmertheit um ihre Heiratsaussichten, ihre leidenschaftliche Liebe für das Schaukeln und Mastbaumklettern, die ihr von ihrer Mutter die Bezeichnung "Tochter der Luft" einträgt (S. 8), lassen in ihr eine Freiheitsliebe erkennen, die gegen alle Konventionen ist.

Gewohnt an elterliche Güte und Nachsicht, kennt Effi die Grausamkeit nicht, mit der die Gesellschaft gegen diejenigen verfährt, die sich nicht an ihre Konventionen halten. Die insularische Abgeschiedenheit des Landadels von den anderen Adelskreisen, in der vor allem die Frauen gehalten werden, trägt zu einer dem Leser gleich zu Anfang deutlich werdenden rührenden und tragischen Verkennung der gesellschaftlichen Realität bei. So erscheinen Effi die Geschichten von den Grausamkeiten der Gesellschaft wie blosse Märchen. Sie glaubt nicht daran, dass diese Gesellschaft, auf deren Güte und Gerechtigkeit sie vertraut, einst untreue Frauen mit Ertränkung bestraft hatte. " 'Nein, nicht hier', lachte Effi, 'hier kommt so was nicht vor. Aber in Konstantinopel' " (S. 15).

Die Isolation des Landadels von der restlichen Adelsgesellschaft trägt aber auch zu einer gewissen Entspannung der strikten Standeskonventionen bei und damit zu der Möglichkeit, im Denken und Handeln dem eigenen Gutdünken und der Stimme der eigenen Persönlichkeit zu folgen, statt nur gesellschaftskonform zu handeln. So meint denn auch Briest zu Innstetten: " 'So nach meinem eigenen Willen schalten und walten zu können ist mir immer das Liebste gewesen, jedenfalls lieber – Pardon, Innstetten –, als so die Blicke beständig nach oben richten zu müssen. Man hat dann bloss immer Sinn und Merk für hohe und höchste Vorgesetzte' " (S. 21).

Effi zeigt noch mehr als ihr Vater diesen Hang, spontan der Stimme ihrer Natur zu folgen, ohne Rücksicht auf irgendwelche Konventionen. Wenn sie dennoch die Regeln ihres Standes als verbindlich anerkennt, so nur deshalb, weil diese noch mit ihrem eigenen Wesen im Einklang stehen oder vielmehr sie sich der Diskrepanz zwischen ihrer Individualität und den gesellschaftlichen Vorschriften noch nicht bewusst geworden ist. Die Verlobung Effis mit dem steifen Beamten Innstetten muss denn auch dem Leser als Verrat an Effis innerstem Wesen erscheinen. Die Verwunderung von Effis Freundinnen über deren sentenziöse Erklärung – " 'Jeder ist der Richtige. Natürlich muss er von Adel sein und eine Stellung haben und gut aussehen' " (S. 21) – lässt ahnen, dass Effis eigentliche Vorstellungen von Liebe und Ehe "sonst" ganz anders waren (S. 21). In ihrer geistigen Unselbständigkeit jedoch ist Effi bereit, die gesellschaftlichen Vorstellungen vom "richtigen" Ehemann als ihre eigenen hinzunehmen. So übersieht sie auch den Mangel an echten inneren Beziehungen zu Innstetten, dem sie nur dieselben freundschaftlichen Gefühle wie ihren Freundinnen Hertha und Bertha entgegenbringen kann. Sie meint, Glück in der Befriedigung ihres gesellschaftlichen Ehrgeizes finden zu können:

> "Ich bin ... nun, ich bin für gleich und gleich und natürlich auch für Zärtlichkeit und Liebe. Und wenn es Zärtlichkeit und Liebe nicht sein können, weil Liebe, wie Papa sagt, doch nur ein Papperlapapp ist (was ich aber nicht glaube), nun, dann bin ich für Reichtum und ein vornehmes Haus, ein ganz vornehmes, wo Prinz Friedrich Karl zur Jagd kommt, auf Elchwild oder Auerhahn, oder wo der alte Kaiser vorfährt und für jede Dame, auch für die jungen, ein gnädiges Wort hat. Und wenn wir dann in Berlin sind, dann bin ich für Hofball und Galaoper, immer dicht neben der grossen Mittelloge. " (S. 33)

Ist Effi selbst das Bewusstsein einer tragischen Konstellation verwehrt, so wird dieses doch vom Erzähler beim Leser erregt. Im gewissen Umfange ist es aber auch bei Effis Eltern vorhanden, wie es deren leise Zweifel, ob Effi denn auch wirklich mit Innstetten glücklich werden würde, erkennen lassen. Selbst Innstetten kann sich des Gedankens nicht erwehren, dass das "Effi komm", mit dem die Freundinnen Effis diese zum Spiele zurückrufen wollten, ein ominöses Zeichen sein könnte (S. 22).

Doch alle Beteiligten sind zu sehr bestimmt von den Normen der Gesellschaft, die diese Ehe als wünschenswert ansieht, als dass sie sich von ihren eigenen Gefühlen leiten liessen. Wie Cécile wird auch Effi hier als "Ware" behandelt, wenn auch der "Verkauf", zumindest äusserlich, das Dekorum einhält und Effi nicht als Mätresse, sondern als Ehefrau von den Eltern weggegeben wird. Die Macht der gesellschaftlichen Normen, die hier so offensichtlich nicht mit den natürlichen Bedürfnissen des Menschen übereinstimmen und eine so unpassende Verbindung wie die Effis mit Innstettens erzwingen, wird damit deutlich und zugleich auch fragwürdig gemacht.

Mit Effis Verlobung zu Innstetten beginnt sie, ihre erste von der Gesellschaft aufgedrängte Rolle zu spielen. Sie spielt die glückliche Braut, wie sie früher Verstecken gespielt hat. Natürlich glaubt Effi, auch glücklich zu sein, denn " 'wenn man zwei Stunden verlobt ist, ist man immer glücklich' " (S. 21). Zwar ist ihr die ganze Sache etwas "genant", aber sie denkt "darüber weg[zu]kommen" (S. 21).

Die Verlobungszeit mit allen ihren freudigen Aufregungen und Neuheiten, der Fahrt nach Berlin, dem Aufenthalt in einem eleganten Hotel, dem Einkauf des Trousseaus und nicht zuletzt den täglichen Briefen Innstettens, die Effi in der Unschuld ihrer Jugend nicht tiefer berühren als die so aufregenden jährlichen Geburtstagsbriefe ihrer Freundinnen, all das ist natürlich dazu angetan, diese Zeit zu einer glücklichen für Effi zu machen und alle Mängel ihres zukünftigen Gatten in den Hintergrund treten zu lassen.

Bereits hier aber beginnt Effis Freiheit von den Etiketten einer unnachsichtigen Gesellschaft beschränkt zu werden. Selbst die intimste Wahl von Kleidung und Wohnungseinrichtung ist gesellschaftlichen Regeln unterworfen. So muss Effi ihren Wunsch auf einen Pelz und einen japanischen Bettschirm und damit auch bereits ein wenig von der "phantastischen kleinen Person", die sie ist, aufgeben, weil die Kessiner Gesellschaft sich darüber mokieren könnte (S. 31).

"... meine liebe Effi, wir müssen vorsichtig im Leben sein, und zumal wir Frauen. Und wenn du nun nach Kessin kommst, einem kleinen Ort, wo nachts kaum eine Laterne brennt, so lacht man über dergleichen. Und wenn man bloss lachte. Die, die dir ungewogen sind, und solche gibt es immer, sprechen von schlechter Erziehung und manche sagen auch wohl noch Schlimmeres." (S. 31)

So wird sie von ihrer Mutter belehrt.

Noch aber ist diese Kessiner Gesellschaft keine wirkliche Bedrohung für Effi. Noch kann sie, zumindest in ihren Zukunftsphantasien, alles ihren eigenen Wünschen unterordnen, und die Aufgabe eines Pelzes und eines Bettschirmes fällt nicht so schwer ins Gewicht im Vergleich zu all den schönen Dingen, die sie noch zu bekommen erwartet.

Während in Effis Verlobungszeit noch die Illusion aufrecht erhalten wird, dass ihre vorteilhafte Verbindung mit Innstetten die Erfüllung wahren weiblichen Glücks bedeutet, lassen Effis Schilderungen von ihrer Hochzeitsreise die Praxis solcher Konventionsehen bereits als bedenklich erscheinen.

Effi wird auf ihrer Hochzeitsreise mit der Wirklichkeit ihrer unpassenden Verbindung mit Innstetten konfrontiert, mit einer Wirklichkeit, die sich nicht mehr so leicht poetisieren lässt und die ein gehöriges Mass an Selbstverleugnung verlangt. Aus ihren Ansichtskarten an die Eltern spricht Effis Enttäuschung über diese Hochzeitsreise, die unter der Leitung Innstettens in eine sie langweilende und ermüdende Bildungsreise ausgeartet ist: "'Ich habe noch immer das Ziehen in den Füssen, und das Nachschlagen und das lange Stehen vor den Bildern strengt mich an. Aber es muss ja sein'" (S. 43).

Weit davon entfernt aber, sich als Opfer zu erkennen, zeigt Effi eine rührende Bereitwilligkeit, sich anzupassen, das für schön und interessant zu halten, was man eben dafür zu halten pflegt. "'Vicenza muss man sehn wegen des Palladio'" und "'[Venedig] soll ja auch das Schönste sein'" (S. 43). Sie ist völlig unkritisch und vorwurfslos gegenüber Innstettens Rücksichtslosigkeit und meint vielmehr: "'Und vor allem ist er engelsgut gegen mich und gar nicht überheblich'" (S. 43). Die untergeordnete Stellung der Frau, die, wie Effis Vater es ausdrückte, sich wie Efeu um den schlank aufgeschossenen Stamm ihres Mannes zu ranken habe, wird von Effi als die natürliche Stellung der Frau angesehen (S. 19).

Effis gutgläubige Einschätzung Innstettens steht in offensichtlichem Widerspruch zu dessen wahrem Verhalten. Während Effi jedoch in ihrer kindlichen Selbsttäuschung verharrt, lassen Effis Leiden ihren Vater erkennen, was er bisher seiner Frau gegenüber immer bestritten hatte, dass nämlich "'die Frau in einer Zwangslage sei'" (S. 44). Mit Briest wird auch dem Leser Einsicht in die Grausamkeit der untergeordneten Stellung der Frau in der Ehe gewährt und damit die traditionelle Annahme, dass das "'eben das [ist], was man sich verheiraten nennt'" (S. 44), einem kritischen Neudurchdenken geöffnet.

Effis Gefühl der völligen Übereinstimmung mit allen Anforderungen der gesellschaftlichen Ideologie weicht jedoch allmählich der Einsicht der Diskrepanz zwischen ihrem eigentlichen Wesen und der Rolle, die sie auszufüllen hat: "'Und nun ich! Und gerade hier. Ach, ich tauge doch gar nicht für eine grosse Dame. Die Mama, ja, die hätte hierher gepasst, die hätte, wie's einer Landrätin zukommt, den Ton angegeben ... Aber ich ... Ich bin ein Kind und werd es auch wohl bleiben'" (S. 74-75). Erzogen im Ideal der gesellschaftlichen Konformität fühlt Effi sich jedoch schuldig bei der Entdeckung dieser unkonformen Seite ihrer Persönlichkeit. Sie ist fest davon überzeugt, dass "'man ... doch immer dahin passen [muss], wohin man nun mal gestellt ist'" (S. 75).

Zu einer ersten Auflehnung gegen die herzlose Missachtung ihrer individuellen Bedürfnisse durch Innstetten und die Gesellschaft kommt es, als Innstetten Effis Angst vor dem Alleinsein in ihrem unwohnlichen und unheimlichen Haus mit dem Hinweis auf gesellschaftliche Rücksichtnahmen begegnet:

"Was soll ich antworten? Ich habe dir nachgegeben und mich willig gezeigt, aber ich finde doch, dass du deinerseits teilnahmsvoller sein könn-

test. Wenn du wüsstest, wie mir gerade danach verlangt. Ich habe sehr gelitten, wirklich sehr, und als ich dich sah, da dacht ich, nun würd ich frei
werden von meiner Angst. Aber du sagst mir bloss, dass du nicht Lust
hättest, dich lächerlich zu machen, nicht vor dem Fürsten und auch nicht
vor der Stadt. Das ist ein geringer Trost. " (S. 84)

Effis Empörung kommt aus ihrer rein gefühlsmässigen Erkenntnis der Unmenschlichkeit von Innstettens gesellschaftskonformen Verhalten, das die Einhaltung der
Konventionen über alle anderen Erwägungen stellt. Durch die Käthchen von Heil-
bronn-Aufführung an Effis Polterabend wird Effi deutlich in die Nähe dieser Klei-
stschen Heldin gerückt. Wie diese kommt auch Effi immer dann der Wahrheit am
nächsten, wenn sie sich allein von ihrem natürlichen, spontanen Gefühl leiten lässt,
während sie die Wirklichkeit immer dann tragisch verkennt, wenn sie sich von gesellschaftlichen Vorstellungen leiten lässt. Indem also Fontane Effi mit dem Klei-
stschen Käthen in Bezug setzt, dessen fast nachwandlerische Gefühlssicherheit
sich am Ende als der richtige Leitfaden erweist, während Graf Wetter von Strahl,
der wie Innstetten allein gesellschaftlicher Vernunft folgt, in tragische Täuschung
verfällt, wird dem Leser ein Hinweis gegeben auf die Notwendigkeit, in dieser in
Konventionen erstarrten Gesellschaft auch auf die Stimme des natürlichen menschlichen Gefühls zu hören.

Zugleich aber wird auch auf die Notwendigkeit hingewiesen, diese Gefühle
bewusst zu verwerten, sie zum Anstoss kritischen Durchdenkens zu machen, das
allein zur bewussten Erkenntnis der Verbesserungsbedürftigkeit der bestehenden
gesellschaftlichen Ordnungen führen kann, was wiederum der erste Schritt zur tat-
sächlichen Verbesserung ist. Effi aber, die wie all die anderen Frauenfiguren im
Selbstdenken nicht geschult ist und zudem noch geprägt ist von der Ideologie ihres
Standes, der um seiner eigenen Existenz willen auf Erhaltung der bestehenden Ord-
nungsverhältnisse dringt, ist allzuschnell bereit, ihre gefühlhafte Empörung als
kindlich zu schelten und Innstettens gesellschaftliche Sehweise über ihre eigene zu
stellen: "'Du sollst recht haben; ich sehe ein, das geht nicht. Und dann wollen wir
ja auch höher hinauf. Ich sage wir, denn ich bin eigentlich begieriger danach als
du ... ' " (S. 82).

Um den gesellschaftlichen Vorstellungen einer guten Ehefrau, die ihren
Mann standesgemäss zu repräsentieren hat, gleichzukommen, greift Effi, deren
Wesen jede Verstellung bisher völlig fremd war, immer häufiger zu unschuldiger
Verstellung und Heimlichkeit: " 'Innstetten darf es nicht sehen' " (S. 103) oder
" 'Innstetten darf nichts davon wissen' " (S. 76) werden nun Effis häufigst gebrauch-
te Redewendungen. Dass Effi, um Innstettens Vorstellungen von einer Ehefrau zu
entsprechen, ihr innerstes Wesen so sehr "bezwingen" (S. 78) und sogar entschieden negative Züge entwickeln muss, macht die traditionelle untergebene Stellung
der Frau in der Ehe nicht nur in ihrer Härte, sondern auch in ihrer Absurdität
bewusst. Die Kritik an solchen Ehen, in denen der Mann nicht Partner und Gefähr-
te seiner Frau ist, sondern "hoher Herr" (S. 27), ist hier unübersehbar. Sie entspricht auch Fontanes privater Überzeugung. So schreibt er in einem Briefe:

"Was ist die Ehe anders als Ergänzung? So heisst es in Büchern und Ab-
handlungen und ich kann mir Fälle denken oder ich sage lieber, ich kenne
Fälle, wo dieses zutrifft. Aber wenn ich im Buche meiner Erfahrungen

nachschlage, so ist es im grossen und ganzen doch umgekehrt. Die Ehe, zu mindestens das Glück derselben, beruht nicht auf der Ergänzung, sondern auf dem gegenseitigen Verständnis. Mann und Frau müssen nicht Gegensätze, sondern Abstufungen, ihre Temperamente müssen verwandt, ihre Ideale die selben sein. "[2]

Gerade an der Stelle im Roman, wo Effi ihre erste "Schlacht" als Frau gegen die Übermacht des Mannes verloren hat, wird die völlig emanzipierte Sängerin Trippelli in die Handlung eingeführt. Mit ihrer Devise "Immer frei weg" (S. 95) und ihrer Selbstsicherheit, die selbst vor sozial Höhergestellten nicht ins Wanken gerät, stellt die Trippelli eine Kontrastfigur zu Effi dar und ist die Verkörperung von Emanzipationsmöglichkeiten für die Frau. Unbeschwert von den bestehenden Konventionen, die es als moralisch bedenklich ansehen, dass eine Frau sich öffentlich mit ihrem Können zur Schau stellt, übt die Trippelli ihre Kunst aus und akzeptiert ihre Individualität. Sie lebt ihrer eigenen Daseinsbestimmung, "ständig gefährdet" (S. 100) zwar, dabei aber unerschrocken, zufrieden und erfüllt.

Angesichts der Trippelli muss selbst Innstetten zugeben: "'Dem Mutigen gehört die Welt'" (S. 90). Zugleich aber warnt Innstetten Effi, die voller Bewunderung für diese Frau ist, sich etwa die Trippelli als ein Beispiel zu nehmen: "'... hüte dich vor dem Aparten, oder was man so das Aparte nennt. Was dir so verlockend erscheint – und ich rechne auch ein Leben dahin, wie's die Trippelli führt –, das bezahlt man in der Regel mit seinem Glück'" (S. 91). Der Vergleich der vitalen Trippelli, die so ganz sich selbst lebt, mit Effi, die ständig bemüht ist, ihr Selbst zu unterdrücken und die so viel von ihrer früheren Unbeschwertheit verloren hat, lässt die Motive von Innstettens Warnung in einem zweifelhaften Licht erscheinen. Dem Leser wird die Überlegung geradezu aufgedrängt, welche von beiden Frauen wohl mehr ihre Lebensweise mit dem Glück bezahlt hat.

Die emanzipierten Frauengestalten wie Rosa und die Trippelli werden von Fontane mit viel Sympathie gezeichnet, wenn auch eine leise Ironie dabei meist unverkennbar ist. Beide Frauen sind nicht von ungefähr Künstlerinnen. Kunst wird hier in offensichtlich romantischer Manier als unentrinnbares Schicksal von beiden Frauen angesehen. Ihre Berufung zur Kunst erweist sich daher als stärker als die Macht der Gesellschaft. Das gesellschaftliche Aussenseitertum und Stigma, das beide Frauen zu ertragen haben, wird ihnen voll aufgewogen durch die Ausübung ihrer Kunst. Bedeutsam ist auch, dass beide Frauen bürgerlicher Herkunft sind und damit von vornherein ein weniger abgeschirmtes Leben als die Frauen des Adelsstandes führen. Als Angehörige des aufstrebenden Bürgertums ist ihnen die Mentalität des Vorwärtskommens und Selbstweiterstrebens bekannter als den Frauen der Adelskreise, in denen die Ausbildung eines Talents bei den Frauen meistens verpönt war. Effi ist sich denn auch kaum bewusst, dass die Trippelli in ihrer Unabhängigkeit und Selbstverantwortlichkeit ihr ein Beispiel sein könnte. Für sie ist die Möglichkeit, ein Leben wie das der Trippelli zu führen, ebenso unwirklich wie die kindlich erwogene Möglichkeit, Trapezkünstlerin zu werden. Wenn auch Effi selbst durch die Trippelli nicht die Augen geöffnet werden dafür, dass es für eine Frau durchaus Möglichkeiten gibt, ihr Lebensglück ausserhalb der gesellschaftlichen Konventionen zu finden, so wird es doch dem Leser zu erkennen gegeben, dass weibliches Glück nicht unbedingt mit den konventionellen Vorstellungen davon zusammenfallen muss.

Psychologie, so formulierte es Thomas Mann in einem Aufsatz über Fontane, ist "das schärfste Minierwerkzeug demokratischer Aufklärung"[3]. Durch die Einsichten in die Persönlichkeiten von Effi und Innstetten wird es dem Leser ermöglicht, Effis "Schritt vom Wege" als "letzte menschliche Konsequenz des als Eheschliessung getarnten unmenschlichen Kaufes"[4] zu erkennen. Damit wird wiederum der Weg geebnet für eine Modifizierung des pauschalen Vorurteils gegen ehebrecherische Frauen.

Was Effi nur "unklar ... zum Bewusstsein" kommt, was ihr in ihrer Ehe eigentlich fehle, nämlich "Huldigungen, Anregungen, kleine Aufmerksamkeiten" (S. 107), das ist dem Leser schon lange offensichtlich gemacht worden. "Innstetten war lieb und gut, aber ein Liebhaber war er nicht. Er hatte das Gefühl, Effi zu lieben, und das gute Gewissen, dass es so sei, liess ihn von besonderen Anstrengungen absehen" (S. 107-108). Wie St. Arnaud überlässt auch Innstetten die Seelenaussprache mit seiner Frau anderen Männern, was dazu führt, dass es zu keiner menschlichen Annäherung zwischen ihm und Effi kommt und er ihr sogar "in seinen Zärtlichkeiten fremd" bleibt (S. 226).

Während Gieshüblers Liebenswürdigkeiten Effi die Gefühlsleere ihrer Ehe bewusst machen, sind es die Advancen des Major Crampas, die Effi auch ihre sinnliche Unausgefülltheit fühlbar machen. Doch der Erzähler gewährt dem Leser noch tiefere Einblicke in die psychologischen Voraussetzungen von Effis Ehebruch. Es wird angedeutet, dass Effis Ehebruch auch ein Ausdruck eines latenten Gefühls der Auflehnung und Rachsucht gegenüber Innstetten sein könnte. Crampas' Erklärung der tieferen Bedeutung von Innstettens Vorliebe für Spukgeschichten gibt Effi eine neue Perspektive ihrer Ehe mit Innstetten und der Stellung, die ihr darin zugewiesen ist:

> "Dass Innstetten sich seinen Spuk parat hielt, um ein nicht ganz ungewöhnliches Haus zu bewohnen, das mochte hingehen, das stimmte zu seinem Hange, sich von der grossen Menge zu unterscheiden; aber das andere, dass er den Spuk als Erziehungsmittel brauchte, das war doch arg und beinahe beleidigend. Und "Erziehungsmittel", darüber war sie sich klar, sagte nur die kleinere Hälfte; was Crampas gemeint hatte, war viel, viel mehr, war eine Art Angstapparat aus Kalkül. Es fehlte jede Herzensgüte darin und grenzte schon fast an Grausamkeit." (S. 140-141)

Effi erkennt, dass Innstetten ihr Vertrauen missbraucht hat, und ihre erste Reaktion ist Rachsucht: "Das Blut stieg ihr zu Kopf, und sie ballte ihre kleine Hand und wollte Pläne schmieden" (S. 141). Ohne Zweifel hatte der "Damenmann" Crampas, der sich recht gut auf weibliche Psychologie versteht, mit dieser Reaktion gerechnet. Die Vermutung liegt nahe, dass er sie hervorrufen wollte, um sie für seine Verführungsversuche auszunützen. Denn indem er Effi auf den Vertrauensbruch Innstettens hinweist, befreit er sie im gewissen Sinne von der moralischen Verpflichtung, Innstetten die Treue zu halten.

Doch Effis Glaube an die Güte und Gerechtigkeit Innstettens wurzelt zu tief, als dass sie ihn so einfach aufgeben könnte. Sie versucht die Erkenntnis, zu der Crampas sie gezwungen hat, nicht an die Oberfläche ihres Bewusstseins dringen zu lassen. Obwohl im Grunde ihre eigenen Gefühle Crampas' Erklärung Recht geben, zieht sie diese in Zweifel: "'Ich Kindskopf! Wer bürgt mir denn dafür, dass

Crampas recht hat! Crampas ist unterhaltlich, weil er medisant ist, aber er ist unzuverlässig und ein blosser Haselant, der schliesslich Innstetten nicht das Wasser reicht'" (S. 141). Indem Effi Crampas zum Abweichler von den gesellschaftlichen Kategorien der Normalität abstempelt, verlieren seine Erklärungen natürlich an Gewicht. Damit versagt sich Effi die Möglichkeit, ihre Stellung in der Ehe neu zu sehen und sie in Frage zu stellen.

Dennoch ist für Effi Innstetten nicht mehr so über jeden Zweifel erhaben wie zuvor. Der Gedanke, dass Innstetten ihre Kindlichkeit so berechnend zu manipulieren versuchte, um sie "in Ordnung zu halten" (S. 141), geht Effi nicht mehr aus dem Sinn. Und mit der Durchschauung der Komödie, die Innstetten mit ihrer Furcht spielt, beginnt die Macht Innstettens an ihrer Wirksamkeit zu verlieren.

Es wird deutlich, dass es nicht nur das "schwache Fleisch" (S. 170) oder der "weiche" Charakter Effis sind, die diese in den Ehebruch treiben, sondern vor allem auch ihre Enttäuschung und Entmutigung in ihrer Liebe zu Innstetten, der seine Stellung als der ältere und erfahrenere Partner in der Ehe so sehr missbraucht hat. Zugleich wird aber auch darauf hingewiesen, dass der Versuch, die Frau durch Ausnutzung ihrer kindlichen Unaufgeklärtheit an den Mann zu ketten, statt durch Liebe, Güte und Respekt für ihre Menschenwürde, früher oder später fehlschlagen muss.

Der Ehebruch Effis ist hier keineswegs der Verführung des Faustschen Gretchens gleichzusetzen, zu der Effi im Laufe des Romans durch eine Reihe von Faustzitaten in Beziehung gebracht wird[5]. Die Gretchenunschuld, die Effi auf ihrer Hochzeitsreise durch ihre Unkenntnis des Mephisto-Wortes "Er liegt in Padua begraben" (S. 43), bezeugt, ist Effi zu diesem Zeitpunkt bereits verlorengegangen. Darauf weist ihre offensichtliche Kenntnis des Reimwortes auf den König von Thule hin, auf das Crampas bei jener entscheidenden Begegnung vor dem Ehebruch anspielt (S. 149). Es wird deutlich, dass selbst jemand, der so von Familie und Ehegatten behütet worden ist wie Effi, nicht für immer in unschuldiger Nichtwissenheit gehalten werden kann. Dabei ist es aber keineswegs jenes Wissen Effis, das sie so gefährdet für den Ehebruch macht. Es wäre ja anzunehmen, dass gerade ihr Wissen um die vorhandenen Gefahren sie vorsichtiger machen würde. Es ist vielmehr allein die Lieblosigkeit Innstettens, die sie dazu treibt, ihr Wissen auf solche fast rachsüchtige Weise zu gebrauchen.

Effis "Schritt vom Wege" wird durch die Sichtbarmachung aller motivierenden Faktoren und Komponenten dem Leser verständlich gemacht. Und wo Verständnis herrscht, da haben moralische Vorurteile keinen Platz. Statt moralische Entrüstung hervorzurufen, lässt die Schilderung, wie Effi langsam in ihrem ehebrecherischen Verhältnis versinkt, vielmehr die Notwendigkeit erkennen, über die Voraussetzungen, die dazu geführt haben, nachzudenken.

Effi selbst ist eine Einsicht in die Hintergründe ihrer unbefriedigenden Ehe und ihres Ehebruchs verwehrt. Sie durchschaut nicht, dass sie ein Opfer der gesellschaftlichen Umstände ist, und sieht die Schuld nur bei sich. So schreibt sie denn auch an Crampas: "'Ihr Tun mag entschuldbar sein, nicht das meine. Meine Schuld ist sehr schwer'" (S. 199).

Selbst angesichts ihrer unbefriedigenden Ehe ist Effi immer noch von der Verbindlichkeit der adligen Normen überzeugt, die sie einen Mann wie Innstetten haben heiraten lassen. Noch immer stellt sie die gesellschaftlichen Vorstellungen vom "richtigen" Ehepartner über ihre eigenen Bedürfnisse und meint auf Innstettens Frage, ob nicht der junge Vetter Briest besser zu ihr gepasst hätte: "'Aber er ist dalbrig. Und das ist keine Eigenschaft, die wir Frauen lieben, auch nicht einmal dann, wenn wir noch halbe Kinder sind ... Das Dalbrige, das ist nicht unsre Sache. Männer müssen Männer sein' " (S. 190). Das Elend von Effis Ehe lässt sowohl die Widersinnigkeit dieser gesellschaftlichen Klischees vom weiblichen Wesen und Wünschen wie auch das Ausmass der Macht der Gesellschaft, die den Menschen bis in seine Vorstellungswelt hinein bestimmt, deutlich erkennen.

Effi ist zu sehr im Ideal der Konformität erzogen worden, als dass sie ihre eigene Individualität, die den gesellschaftlichen Normen so sehr entgegengesetzt ist, völlig akzeptieren könnte. Ihre Abschiedsworte an Apotheker Gieshübler jedoch lassen erkennen, dass sie durchaus eine Bewusstseinsentwicklung durchgemacht hat, die sie nun zumindest die Individualität anderer verständnisvoll anerkennen lässt: "'... und grüssen Sie Ihre Freundin, die Trippelli. Ich habe in den letzten Wochen öfter an sie gedacht und den Fürst Kotschukoff. Ein eigentümliches Verhältnis bleibt es doch. Aber ich kann mich hineinfinden' " (S. 198). Die befreiende Durchbrechung der Gesellschaftsgesetzlichkeit ist Effi selbst aber nicht möglich. Die Macht und Überlegenheit der Gesellschaft erweisen sich immer wieder als stärker als Effis Drang zur Selbstverwirklichung, den sie bei Innstettens Berufung nach Berlin wieder zu unterdrücken bereit ist: "'Nun bricht eine andere Zeit an, und ich fürchte mich nicht mehr und will auch besser sein als früher und dir mehr zu Willen leben' " (S. 213).

Während Effi nun wieder versucht, den gesellschaftlichen Erwartungen gleichzukommen und Busse zu tun für ihre Verfehlungen gegen die Konventionen der Gesellschaft, muss sie erkennen, dass ihre eigensten Gefühle über ihren Ehebruch sich nicht mit den vorausdefinierten Schuldgefühlen, die von einer Ehebrecherin erwartet werden, übereinstimmen:

"Und habe die Schuld auf meiner Seele", wiederholte sie. "Ja, da hab ich sie. Aber lastet sie auch auf meiner Seele? Nein. Und das ist es, warum ich vor mir selbst erschrecke. Was da lastet, das ist etwas ganz anderes - Angst, Todesangst und die ewige Furcht: es kommt doch am Ende noch an den Tag. Und dann ausser der Angst ... Scham. Ich schäme mich. Aber wie ich nicht die rechte Reue habe, so hab ich auch nicht die rechte Scham. Ich schäme mich bloss von wegen dem ewigen Lug und Trug; immer war es mein Stolz, dass ich nicht lügen könne und auch nicht zu lügen brauche, lügen ist so gemein, und nun habe ich doch immer lügen müssen ... Ja, Angst quält mich und dazu Scham über mein Lügenspiel. Aber Scham über meine Schuld, die hab ich nicht oder doch nicht so recht oder doch nicht genug, und das bringt mich um, dass ich sie nicht habe. Wenn alle Weiber so sind, dann ist es schrecklich, und wenn sie nicht so sind, wie ich hoffe, dann steht es schlecht um mich, dann ist etwas nicht in Ordnung in meiner Seele, dann fehlt mir das richtige Gefühl. " (S. 229-230)

Um dem auf den Grund zu gehen, warum sie nicht das "richtige Gefühl" hat, müsste Effi kritische Distanz zu der gesellschaftlichen Ideologie haben, deren Produkt sie ist. Effi aber erkennt nicht die Beschränktheit der gesellschaftlichen Definitionen für ihre Lage. Sie erkennt nicht, dass sie mehr ist, als die angebotenen Deutungen es zulassen, und sie erkennt nicht, dass diese angebotenen Definitionen nicht ihre eigene Unzulänglichkeit, sondern die der Gesellschaft entlarven, deren stereotyp gewordenen Deutungen an der menschlichen, individuellen Wahrheit völlig vorbeigehen. Während Effi diese Einsicht verwehrt ist, hat der Leser jedoch grössere Übersicht. Es wird ihm zu erkennen gegeben, dass Effis Ehe nicht die versprochene Erfüllung weiblichen Glücks ist und dass Effis Ehebruch nur eine natürliche Konsequenz dieser von der Gesellschaft erzwungenen Verbindung ist. Gerade durch Effis Ehebruch wird die Unzulänglichkeit der gesellschaftlichen Definition des weiblichen Glücks in seiner Beschränktheit entlarvt und implizite auf die Notwendigkeit hingewiesen, diesen Glücksbegriff aus seiner konventionellen Erstarrung zu lösen.

Nach der Entdeckung ihres Ehebruchs fügt sich Effi klaglos den harten Konsequenzen ihres Verstosses gegen die Gesellschaft. Wie Cécile wird auch Effi völlig übergangen in der Entscheidung Innstettens zum Duell. Gerade sie, die eigentliche Betroffene dieses Gesellschaftsrituals, hat am wenigsten dabei zu sagen. Sie spielt als individuelle Person überhaupt keine Rolle, sondern ist nur Gegenstand der Ehre, Objekt von Innstettens verletztem Besitzerstolz, nicht aber Zielpunkt menschlicher Erwägungen. Ihre Ausstossung aus der Gesellschaft, ihre völlig rechtlose Stellung, ihre finanzielle Misere, all das hat nur ein erneutes Bekenntnis Effis zu der gesellschaftlichen Ordnung zur Folge: " 'Ich weiss wohl, man liegt, wie man sich bettet, und ich will nichts ändern in meinem Leben. Wie es ist, so ist es recht; ich habe es nicht anders gewollt' " (S. 283). Selbst diese Leiden, die Effi durch die Gesellschaft zugefügt werden, öffnen ihr nicht die Augen für deren Fehlerhaftigkeit. Wie Cécile und Victoire kann Effi sich nur dann als Person begreifen, wenn sie mit ihrer gesellschaftlichem Umwelt in Beziehung steht. Sie braucht diese Identifikation mit der Gesellschaft, um existieren zu können, denn sie kennt keine andere Form der Existenz. Und daher akzeptiert sie denn auch widerspruchslos den ihr von der Gesellschaft aufgeprägten Stempel der Ehebrecherin, worin sie sich zum Teil wenigstens wiederzuerkennen vermag und damit auf ein Beziehungssystem, das sie kennt, zurückgreifen kann.

Die realistische und ergreifende Schilderung von Effis Elend als geschiedene Frau stellt jedoch die Ungerechtigkeit und sinnlose moralische Heuchelei bloss, die der geschiedenen Frau alle Bewegungsfreiheit verwehrt:

"... in solchen Verein, wo man sich nützlich machen kann, da möchte ich eintreten. Aber daran ist gar nicht zu denken; die Damen nehmen mich nicht an und können es auch nicht. Und das ist das schrecklichste, dass einem die Welt so zu ist und dass es sich einem sogar verbietet, bei Gutem mit dabeizusein. Ich kann nicht mal armen Kindern eine Nachhülfestunde geben ..." (S. 279)

War, wie Ellinger es in ihrer Studie der historischen Lage der geschiedenen Frau es nachwies[6], das Betätigungsfeld der "ehrlosen" Ehebrecherinnen in der Öffentlichkeit von vornherein beschränkt, so war es vor allem den Töchtern aus gutem Hause besonders schwer, sich auf die eigenen Füsse zu stellen, da sie, allein für ihre Rolle als Gattin und Mutter erzogen, keine berufliche Ausbildung genossen hatten. Effi ist hier ein besonders gutes Beispiel für die völlige Lebensuntüchtigkeit und Verzärteltheit dieser Frauen und zugleich eine Warnung, wohin es führen kann, wenn man Frauen so völlig unvorbereitet für die Eventualitäten des Lebens aufzieht. So weist Roswitha darauf hin, dass Effi, selbst wenn sie wollte, die Anstrengung harter Arbeit, deren sie so völlig ungewohnt ist, kaum aushalten könnte: "'Das wäre auch nichts für Sie, gnädige Frau; die Kinder haben immer so fettige Stiefel an, und wenn es nasses Wetter ist - das ist dann solch Dunst und Schmok, das halten die gnädige Frau gar nicht aus' " (s. 279).

Inmitten des Bewusstseins ihrer grossen Verfehlung gegen alle gesellschaftlichen Konventionen und Moralbegriffe kann Effi jedoch nicht umhin, eine gewisse Auflehnung gegen ihr Los als Büsserin zu empfinden: "Er hatte recht und noch einmal und noch einmal, und zuletzt hatte er doch unrecht" (S. 282). Dieses Gefühl der Auflehnung aber wird wiederum von Effi verdrängt, bis das Mass ihres Leidens überläuft beim Wiedersehen mit ihrem Kind, das ihr völlig entfremdet worden ist. Bei diesem Wiedersehen bricht Effis dumpfes Gefühl der Auflehnung gegen diese herzlose Gesellschaft und deren Vertreter Innstetten, die ihr soviel Schmerz zufügen, in helle Empörung und bewusste Artikulierung ihrer innersten Gefühle und Einsichten aus:

> "Ich habe geglaubt, dass er ein edles Herz habe, und habe mich immer klein neben ihm gefühlt; aber jetzt weiss ich, dass er es ist, er ist klein. Und weil er klein ist, ist er grausam. Alles, was klein ist, ist grausam ... ich will euch nicht mehr, ich hass euch, auch mein eigen Kind. Was zuviel ist, ist zuviel ... Mich ekelt, was ich getan; aber was mich noch mehr ekelt, das ist eure Tugend. " (S. 288-289)

Effi gelangt hier von ihrem Gefühl der alleinigen Schuld zur Anklage gegen die Gesellschaft und Innstetten, die ihren Besitzanspruch auch auf ihr Kind erheben, nachdem sie ihr sonst alles genommen haben. Mit diesem Ausbruch hat Effi den höchsten Grad der Bewusstheit erreicht. Sie durchschaut diese Gesellschaft, die aller Menschlichkeit bar ist und nur die kalten Regeln einer erstarrten Ideologie kennt. Sie kommt zu einer offenen Verurteilung der ungerechtfertigten Grausamkeit, mit der man sie ihrer Mutterrechte beraubt und sie von der Willkür ihres Mannes abhängig gemacht hat. Sie erkennt hier eindeutig und endgültig, dass die Schuld nicht nur bei ihr liegt, sondern bei der Gesellschaft, deren Begrenztheit sie sich nun klar bewusst geworden ist.

Zwanzig Jahre vor dem Erscheinen dieses Romanes kam es in Preussen zu einer Petition der Frauen gegen "das Überwiegen der männlichen Gewalt im Ehe- und Familienrecht". Im selben Jahre 1876 wurde auch ein kritischer Aufsatz veröffentlicht über "Die Rechte der Mutter auf ihre Kinder"[7]. Am Schicksal der Effi Briest wurde hier in Romanform die Notwendigkeit einer gerechteren Lösung hinsichtlich der Verteilung der Kinder und der Rechte der Mutter nach einer Scheidung verdeutlicht. Effi Briest kann hier durchaus als konkreter Beitrag zu den sozialen Reformen, die in jener Zeit ihren Anfang nahmen, angesehen werden.

Wie man es auch bei Cécile und Victoire beobachten konnte, ist auch bei Effi der Augenblick der höchsten Erkenntnis mit dem tiefsten Gefühl der Machtlosigkeit verbunden: "'Ich muss leben, aber ewig wird es ja wohl nicht dauern' " (S. 289). Gerade der Lebensüberdruss, den die früher so lebenslustige Effi hier zeigt, stellt wohl die nachhaltigste Anklage dar gegen diese Gesellschaft, deren Aufgabe es doch sein sollte, das Glück der in ihr Lebenden zu verbürgen. Effis Resignation hat damit nicht nur die Funktion der Abbildung dessen, was wirklich ist, sondern auch die Funktion, die Konventionen, die Effi zu Ehe, Ehebruch und Lebensüberdruss geführt haben, verdächtig zu machen und damit ein neues Sehen in Gang zu setzen, das diese Konventionen transzendieren kann.

Indem von den anderen Romanfiguren die Möglichkeit aufgewiesen wird, gegen die gesellschaftlichen Konventionen zu handeln, wird die resignierende Fügung Effis in das gesellschaftliche Ordnungssystem als nur vorläufige und nicht unabänderliche Form der Existenz dargestellt. So beweisen die Eltern Briest dadurch, dass sie Effi wieder in ihr Haus aufnehmen, dass eine Existenz ausserhalb der Gesellschaft durchaus möglich ist und dass man sich deren Anspruch nicht immer fatalistisch unterwerfen muss: " 'Es ist sehr schwer, sich ohne Gesellschaft zu behelfen'. 'Ohne Kind auch. Und dann glaube mir, Luise, die "Gesellschaft", wenn sie nur will, kann auch ein Auge zudrücken. Und ich stehe so zu der Sache: kommen die Rathenower, so ist es gut, und kommen sie nicht, so ist es auch gut' " (S. 291). Mit ihrem Entschluss, Effi zurückzunehmen, geben die Eltern Briest zugleich auch eine nachahmenswerte Lösung der Frage nach der "Grenze" in Fragen der gesellschaftlichen Moral: " '... Eins geht vor'. 'Natürlich, eins geht vor; aber was ist das eine'? 'Liebe der Eltern zu ihren Kindern. Und wenn man gar bloss eines hat'... 'Dann ist es vorbei mit Katechismus und Moral und mit dem Anspruch der "Gesellschaft" '. 'Ach, Luise, komme mir mit Katechismus, soviel du willst; aber komme mir nicht mit "Gesellschaft" ' " (S. 291). Katechismus und gesellschaftliche Moral werden hier deutlich als zwei recht verschiedene Dinge angesehen. Die "Grenze", so wird hier offenbar, soll letzten Endes vom menschlichen Gefühl, von Nächstenliebe und Vergebung, nicht aber von gesellschaftlichen Normen diktiert werden.

Die Vorstellung von der totalen Determinierung des Individuums durch die Gesellschaft wird damit relativiert. Es wird klar gemacht, dass dem Individuum doch ein gewisser Spielraum der Freiheit gegeben ist, dass dessen Entscheidungen letzten Endes doch allein von ihm gemacht werden. Dies wird vor allem offenbar an der Entscheidung Innstettens zum Duell. Indem der Leser in Innstettens Gedanken eingelassen wird, wird seiner Entscheidung die Aura des Unabänderlichen genommen. Zwar wird die Macht der Gesellschaft, die den Menschen bis in seine innersten Gefühle hinein beherrscht, hier tragisch bewusst gemacht, zugleich aber wird auch angedeutet, dass Innstettens Entscheidung, diesen Ehebruch zu einer gesellschaftlichen Angelegenheit zu machen statt zu einer persönlichen, eine rein individuelle Entscheidung war und dass Innstetten sich damit selbst der Gesellschaft ausgeliefert hat. Der Leser wird damit aufgefordert, die Möglichkeit von Alternativlösungen zu erkennen, das "Innere-Anders-Tun-Können" und das "Anders-Werden-Können", das Bloch als Vorbedingung zur Verwirklichung der Utopie einer besseren Gesellschaft ansieht[8]. Die Darstellung von Effis Resignation verliert durch diese Beispiele an ihrer Verbindlichkeit. Sie kann nicht mehr als Beweis der Unmöglichkeit des freien Handelns angesehen werden, sondern bekommt vielmehr die Funktion, auf die Möglichkeit und die Notwendigkeit hinzuweisen, die Wirklichkeit anders als vom Gesichtspunkt der Tradition anzusehen.

Wenn Effi mit ihren letzten Worten "das Verhalten Innstettens und mittelbar damit auch den darin verkörperten Anspruch von Ordnung und Gesellschaft [rechtfertigt]", so bedeutet das nicht, dass "der letztliche Zielpunkt eines solchen

Erkennens ... ganz eindeutig der berechtigte Anspruch von Ordnung und Gesellschaft [sei], vor dem die Wünsche des Herzens und der menschlichen Natur fragwürdig werden". Wie Karl Richter es ganz richtig ausführt, gehen Effis Worte
"auch ihrer sachlichen Aussage nach nicht blind an dem Bedenklichen der Gestalt
Innstettens vorüber, sofern sie ihn als einen Menschen rechtfertigen, der 'ohne
rechte Liebe' war"[9]. Effis Worte beweisen ihre Erkenntnis Innstettens als eines
Menschen, der sein Ich an die Gesellschaft aufgegeben hat und darunter leiden
muss. Ihre Rechtfertigung Innstettens entspringt weniger der Billigung seines Ver-
haltens als ihrem Mitleid und ihrem aus eigener Erfahrung erwachsenen Verständnis für solches gesellschaftliche Verhalten: "'Und es liegt mir daran, dass er erfährt, ... wie mir hier klar geworden, dass er in allem recht gehandelt ... Lass
Ihn das wissen, dass ich in dieser Überzeugung gestorben bin. Es wird ihn trösten,
aufrichten, vielleicht versöhnen. Denn er hatte viel Gutes in seiner Natur und war
so edel, wie jemand sein kann, der ohne rechte Liebe ist'" (S. 309).

Effis gefühlsmässige Erkenntnis der Verzweiflung, in der Innstetten sich
befinden muss, wird durch die Selbstzweifel Innstettens bestätigt. Wenn selbst Innstetten, der "Mann der Formen" (S. 212), dessen Identifikation mit der Gesellschaft so vollkommen war, sich aus dieser Gesellschaft hinwegwünscht und von
"Kultur und Ehre" nichts mehr wissen will, sie sogar einen "Krimskrams" nennt,
der an allem schuld ist (S. 302), dann wird die Verbesserungsbedürftigkeit des bestehenden Gesellschaftssystems, das das Lebensglück aller Figuren vernichtet hat,
dem Leser wohl am deutlichsten zu erkennen gegeben.

Fontane bringt durch die Schilderung der Folgen einer neigungslosen Kon-
ventionsehe diese und die gesellschaftliche Definition des weiblichen Glücks, die
dieser zugrunde liegt, in Misskredit. Er gibt an dieser Ehe ein Beispiel, was her-
auskommt, wenn man unkritisch und willenlos schablonisierte Vorstellungen akzeptiert. Das Festhalten an diesen Vorstellungen, an Normen und Konventionen, das
wird hier deutlich, führt nicht nur nicht zum Glück, sondern kann sogar das erhoff-
te Glück vernichten. "Das Glück besteht darin, dass man da steht, wo man seiner
Natur nach hingehört"[10], das ist Fontanes private Überzeugung, der er in Effi
Briest Ausdruck gibt. Die Möglichkeit, der eigenen Individualität zu leben, sich
selbst verwirklichen zu können, erweist sich somit auch in diesem Roman als die
wahre, wenn auch noch unverwirklichte Utopie des weiblichen Glücks.

Indem Fontane das Bewusstsein des Lesers schärft für die Untragbarkeit
der traditionellen Stellung der Frau in der Gesellschaft, als ein willenloses Objekt
der gesellschaftlichen Ideologie, dem alle Menschenwürde versagt wird, stellt er
damit zugleich auch eine Forderung an das Verantwortungsbewusstsein des Lesers,
nach neuen Lösungen zu suchen. Die Verklärung, mit der Effis Tod vor allem
durch die Versicherung des Pastors Niemeyer, dass sie in den Himmel kommen
werde (S. 296), umgeben wird, bedeutet dabei aber keineswegs, dass im Versprechen auf jenseitige Seeligkeit eine Lösung gesehen wird. Der kritische Abstand und
die Einsicht in die Notwendigkeit der Korrektur bleiben trotz der versöhnlichen
Perspektive bestehen. Die Verklärung im Werke Fontanes, so führt Hugo Aust in
seiner gleichnamigen Studie aus, bedeutet "nicht den Vorgang, bei dem historische
Wirkung in poetische umgewandelt wird, sondern bedeutet vielmehr den Entwurf
einer positiven Gegenwelt"[11]. Gerade durch die Verweisung auf die Seeligkeit im
Jenseits wird das "Ungenügen an der Gegenwart" verstärkt, was wiederum, im
Sinne Blochs, als erster Schritt zur Verwirklichung des "Traumes vom besseren

Lebens" aufgefasst werden kann und damit als erster Schritt zu einer Verwirklichung der Utopie des wahren weiblichen Glücks.

Während die Darstellung der leidenden Frauenfiguren im Leser das Bewusstsein der Überlebtheit der bestehenden gesellschaftlichen Ordnungen hervor-
ruft, so bringen diese Leiden auch im begrenzten Umfange eine Bewusstseinserhö-
hung der Protagonistinnen der drei besprochene Romane hervor. Deutlich wiesen
diese Frauen am Anfang überhaupt kein Bewusstsein ihrer Individualität auf, sondern gingen im Denken, Handeln und Fühlen völlig in der gesellschaftlichen Ideologie von der Frau auf. Durch die ihnen von der Gesellschaft zugefügten Leiden jedoch
gewannen sie Distanz zu dieser Gesellschaft, an die sie bis dahin bedingungslos
geglaubt hatten. Durch die Nichtübereinstimmung mit den gesellschaftlichen Deutungen für ihre Erfahrungen der Wirklichkeit, wurden sie sich ihrer eigentlichen
Individualität bewusst und damit freigesetzt, die Ansprüche ihres Ichs, ihre eigenen Gefühle und Einsichten für gerechtfertigt anzusehen.

Die Zugehörigkeit dieser Frauen zur Adelsklasse beschränkt jedoch deren
Emanzipationsfähigkeit beträchtlich. Die Traditionsverbundenheit des Adels, die
diesen so sehr von den sozialen und politischen Veränderungen der Zeit abschliesst,
isoliert vor allem die Frauen von den Möglichkeiten einer anderen Existenzform.
Völlig bestimmt von traditionellem Denken, kommt daher auch die Beispielhaftig-
keit emanzipierter Frauengestalten diesen adligen Frauen nur halb zu Bewusstsein.
Dazu kommt auch, dass das Fehlen jeglicher beruflicher Ausbildung die adligen
Frauen praktisch unfähig zu irgendeiner Form der Unabhängigkeit macht.

Die Isolation der Frau von der Wirklichkeit des Lebens gibt sich als ent-
scheidender Faktor für ihre Emanzipationsfähigkeit zu erkennen. Die Emanzipationsfähigkeit der drei Protagonistinnen scheint nämlich in direkter Proportion zum
Grad ihrer Isolierung von der restlichen Gesellschaft zu stehen. So erweisen sich
Cécile als Angehörige des exklusiven Hochadels und Effi als Angehörige des geogra-
phisch abgeschlossenen Landadels als die am wenigsten lebensfähigen Frauenfiguren. Victoire jedoch, die dem Stadtadel angehört und im Salon ihrer Mutter mit den
sozialen und geistigen Strömungen der Zeit in Berührung kommt, gelingt es als einziger, zu einer bewussten, neuen Sehweise zu kommen und dieser auch im gewissen
Sinne zu leben.

Keine der drei Frauen in den besprochenen Romanen bieten dem Leser
nachahmenswerte Verhaltensmuster. Ihre Erkenntnis der Beschränktheit der gesellschaftlichen Glücksdefinitionen werden von ihnen nicht in praktisches Handeln
umgesetzt. Dies aber bedeutet keineswegs, dass damit auf die Unmöglichkeit der
Verwirklichung der freigesetzten Erkenntnisse hingewiesen werden soll. Die Resignation der Frauenfiguren wird immer als nur zeitbedingt und vorläufig zu erkennen
gegeben, womit Fontanes Romane zu zukunftsweisenden Dokumenten eines sich
ändernden Bewusstseins hinsichtlich der Stellung der Frau werden. Indem diese
Romane auf die Unzulänglichkeit der bestehenden Glückskonzeption verweisen - eine
Antiutopie des weiblichen Glücks darstellen -, wird daran erst die Utopie wahren
weiblichen Glücks bewusst gemacht. Dass es zu keiner positiven Ausformulierung
wahren weiblichen Glücks kommt, kann damit erklärt werden, dass jede positive
Ausformulierung zugleich ideologischer Erstarrung anheimfällt, und gerade dagegen richten sich diese Romane.

Anmerkungen

1) Alle Seitenangaben im laufenden Text beziehen sich auf Fontane, Romane und Erzählungen, Bd. VII.

2) Fontane, Gesammelte Werke, II, 92.

3) Zitiert nach Anmerkungen zu Effi Briest, Romane und Erzählungen, VII, 535.

4) Reuter, II, 682–683.

5) Bahr, S. 17.

6) Ellinger, "Das Bild der bürgerlichen Gesellschaft".

7) Twellmann, I, 196.

8) Bloch, I, 11.

9) Richter, S. 37.

10) Theodor Fontane, Briefe an die Freunde, hrsg. von Friedrich Fontane (Berlin: F. Fontane, 1943), Brief an Hertz vom 3.4.1879.

11) Siehe auch Hugo Aust, Theodor Fontane: Verklärung (Bonn: Bouvier Verlag, 1974).

IV.

MELANIE VAN DER STRAATEN

In seiner Studie Aristocracy and the Middle-Classes in Germany stellt Ernest K.
Bramsted folgenden Hauptunterschied zwischen Aristokratie und Bürgertum fest:
"The bond the aristocrat feels with fixed modes of life, through his membership of
a privileged stratum, is much more intense than that of the burgher"[1]. Während
Bruch mit der Tradition für den Adligen Entzug seiner Existenzbasis bedeutet, bil-
dete gerade der Bruch mit althergebrachten Ordnungen und Ansichten die Existenzbasis des aufstrebenden Bürgertums, das in Deutschland erst um die Mitte des 19.
Jahrhunderts den Adel auch in seiner gesellschaftlichen und politischen Bedeutung
allmählich abzulösen begann.

Auf den Bruch mit der Tradition ist denn auch ganz offensichtlich sowohl
die "bedingungslose" Geltung des getauften Juden van der Straaten an der Börse zurückzuführen, wie auch seine, wenn auch nur "bedingungsweise", so doch prominen-
te Stellung in der Gesellschaft (S. 111)[2]. Van der Straaten ist sozusagen ein Doppel-
symbol der Emanzipation, da sich bei ihm jüdische und bürgerliche Emanzipation
verbinden. So haben nicht nur die Taufe, sondern auch solche typischen Eigenschaften des aufsteigenden Bürgertums wie praktischer Egoismus und unerschütterliches
Vertrauen auf eigene Urteils- und Tatkraft van der Straaten zu seiner jetzigen arri-
vierten Stellung verholfen. Die Sorglosigkeit van der Straatens um das Urteil der
Gesellschaft, auf die uns der Erzähler hinweist und die den bisher besprochenen
adligen Männergestalten völlig fremd war, ist dabei wohl das Hauptcharakteristikum
des bürgerlichen "self-made-man", der sich sein Leben aus eigener Tatkraft aufge-
baut hat.

Diese Bürgermentalität, die individuelle Entschlusskraft, Selbstvertrauen
und gesunden Menschenverstand über Gesellschaftshörigkeit stellt und den Glauben
an die Tradition nicht in Aberglauben ausarten lässt, bestimmt die Atmosphäre des
Hauses van der Straaten und den Geist dieser Erzählung.

Wenn van der Straaten nichts so sehr hasst wie Veränderungen (S. 111),
dann nicht etwa aus einer Ehrfurcht vor dem Althergebrachten heraus, sondern aus
der Selbstzufriedenheit mit seiner bequemen Lebensstellung. Zugleich aber ist dieser Bequemlichkeitskonservatismus, gepaart mit einem akuten Bewusstsein der Ver-
gänglichkeit aller Dinge, das, wie van der Straaten sagt, " 'erblich [ist] in unserm
Haus' " (S. 119). Dieses Vergänglichkeitsbewusstsein, das wohl jedem Abkömmling
des jüdischen Volkes anhaftet, bildet aber auch zugleich eine der Grundlagen des
bürgerlichen Erfolges, der auf dem Prinzip der Dynamik und nicht der Statik beruht.

Die Bewusstheit, dass alles im Leben wechselt (S. 119), bestimmt van der
Straaten vor allem hinsichtlich seiner Ehe mit der jungen, schönen Melanie. Melanie, die er geheiratet hatte, als sie fast noch ein Kind war, ist ihm "fast noch mehr
sein Stolz als sein Glück" (S. 113). Sie ist ihm der krönende Beweis seines erfolgreichen gesellschaftlichen Aufstiegs, die letzte Stufe der Erfolgsleiter, die die Familie van der Straaten erklommen hat. Nicht-jüdisch und von Adel, verleiht Melanie dem getauften Juden van der Straaten ein soziales Prestige, das ihm sonst trotz
seines Reichtums versagt geblieben wäre. Für van der Straaten ist diese Gattin

neben seinem Landhaus und seiner Bildergalerie ein weiteres Zeichen seines Erfolgs, ein Zeichen dessen, was Geld kaufen kann und was, wie aller andere Besitz, leicht verloren werden kann.

Van der Straaten ist sich durchaus bewusst, von welcher Seite ihm der Verlust Melanies drohen könnte. Seine zehnjährige Ehe ist deutlich kaum über die ihr zugrundeliegende geschäftliche Transaktion hinausgewachsen. Wenn Melanie zu ihrem Manne sagen kann: "'... ich kannte dich damals noch nicht. Jetzt aber kenn ich dich und weiss nur nicht, ob es etwas sehr Gutes oder etwas sehr Schlimmes ist, was in dir steckt ...'" (S. 119), dann bedeutet das, dass sie ihren Mann immer noch nicht genau kennt, dass die beiden Eheleute sich im Grunde völlig fremd geblieben sind, dass es niemals zu einer direkten menschlichen Aussprache zwischen ihnen gekommen ist. Van der Straaten erkennt zwar, dass Aussprache, Liebe und Verständnis einer jeden Frau nötig sind, und er ist sich der Möglichkeit bewusst, seine Frau an jemanden verlieren zu können, der ihr all dies zu bieten bereit ist. Er weigert sich aber, diese weiblichen Bedürfnisse ernst zu nehmen und die Rolle des Ehemanns und Versorgers mit der des Liebhabers zu vereinen, und hat nur spottende Verachtung dafür übrig:

> "Lustige Manieren verlangt ihr und einen jungen Fant, der euch beim Zwirnwickeln die Docke hält und auf ein Fusskissen niederkniet, darauf sonderbarerweise jedesmal ein kleines Hündchen gestickt ist. Mutmasslich als Symbol der Treue. Und dann seufzt er, der Adorante, der betende Knabe, und macht Augen und versichert euch seine innigste Teilnahme. Denn ihr müsstet unglücklich sein. Und nun wieder Seufzen und Pause. Freilich, freilich, ihr hättet einen guten Mann (alle Männer seien gut), aber enfin, ein Mann müsse nicht bloss gut sein, ein Mann müsse seine Frau verstehen. Darauf komm es an, sonst sei die Ehe niedrig, so niedrig, mehr als niedrig. Und dann seufzt er zum dritten Mal. Und wenn der Zwirn endlich abgewickelt ist, was natürlich so lange wie möglich dauert, so glaubt ihr es auch. Denn jede von euch ist wenigstens für einen indischen Prinzen oder für einen Schah von Persien geboren. Allein schon wegen der Teppiche." (S. 167)

Van der Straaten steht mit dieser seiner Auffassung von der Ehe als einem "do-ut-des Verhältnis", in dem Gefühl und Liebe die geringste Rolle spielen, wirtschaftliche und soziale Überlegungen aber die grösste, nicht allein. Sie reflektiert eine zeit- und gesellschaftstypische Auffassung, die besonders im aufstrebenden Bürgertum weit verbreitet ist, dem "alles bloss Mittel zum Zweck ist. Auch die Liebe" (S. 146). So hat denn auch sein Schwager, der Major Gryczinski, Melanies Schwester allein aus materiellen Berechnungen geheiratet,

> "... weil sie die Schwägerin ihres Schwagers ist. Er braucht diesen Schwager, ... es gibt weniges, was nach oben hin so empfiehlt wie das. Ein Schwager-Kommerzienrat ist nicht viel weniger wert als ein Schwiegervater-Kommerzienrat und rangiert wenigstens gleich dahinter. Unter allen Umständen aber sind Kommerzienräte wie konsolidierte Fonds, auf die jeden Augenblick gezogen werden kann. Es ist immer Deckung da." (S. 147)

Soziale und materielle Berechnungen spielen im Rahmen der bürgerlichen Ideologie, natürlich auch eine Rolle bei der Eheschliessung für die Frau. Dessen ist sich auch van der Straaten völlig bewusst, wenn er zu Melanie sagt:

> "Ich bin nicht Geck genug, mir einzubilden, dass du schönes und liebenswürdiges Geschöpf, verwöhnt und ausgezeichnet von den Klügsten und Besten, dass du mich aus purer Neigung oder gar aus Liebesschwärmerei genommen hättest. Du hast mich genommen, weil du noch jung warst und noch keinen liebtest und in deinem witzigen und gesunden Sinn einsehen mochtest, dass die jungen Attachés auch keine Helden und Halbgötter wären. Und weil die Firma van der Straaten einen guten Klang hatte. "
> (S. 206-207)

Bezeichnend für das wirtschaftlich aufsteigende Bürgertum ist dabei auch, dass van der Straaten seine "Firma" und nicht etwa seine "Familie" wie der Adel oder seinen "Namen" wie der Intellektuelle als Anziehungsfaktor bezeichnet. Dass van der Straaten Melanie hierin nicht gerade falsch eingeschätzt hat, wird denn auch vom Erzähler humoristisch bestätigt. Bei einem Gespräch über den Preussen drohenden Krieg mit Frankreich erweisen sich Melanie und ihre blonde Schwester Jacobine "von der entschiedensten Friedenspartei ... die brünette", - so lässt der Erzähler den Leser wissen - "weil sie nicht gern das Vermögen, die blonde, weil sie nicht gern den Mann einbüssen wollte ... " (S. 132). Gryczinski, dem die Berechnungen, die der van der Straatenschen Ehe zugrunde liegen, nicht verborgen geblieben sind, kann denn auch kein rechtes Mitleid mit der offensichtlich nicht so glücklichen Melanie aufbringen: "'Man hat eben nichts umsonst in der Welt. Sie hat eine Villa und eine Bildergalerie ...'" (S. 143).

Wenn Melanie aber auch aus materialistischen Berechnungen in die Ehe mit van der Straaten eingewilligt hat, so wird diese Einwilligung als Ergebnis derselben gesellschaftlichen Bedingungen sichtbar gemacht, die auch adlige Frauen wie Effi und Cécile in unpassende Ehen gezwungen haben. Nicht nur im Adel, sondern auch im Bürgertum lässt sich das Vorherrschen einer patriarchalischen Gesellschaftsordnung erkennen, in der den Männern die Freiheit zur aktiven Partnerwahl gewährt wird, sei diese auch noch so beschränkt durch Standesrücksichten und materialistische Berechnungen. Den Frauen jedoch wird dieses Recht auf Selbstbestimmung völlig abgesprochen. Freiheit der Wahl wird ihnen, wie im Falle Effis und Melanies, nur im Rahmen sozialer und wirtschaftlicher Interessen gewährt. Persönliche Gefühle bei der Partnerwahl werden ihnen nicht zugestanden. Die Möglichkeit der Frauen, persönliche Gefühle geltend zu machen, werden dabei schon dadurch beschränkt, dass sie fast noch als halbe Kinder, also emotionell und intellektuell noch völlig unerweckt, an den Mann gebracht werden.

Das Eheverhältnis des van der Straatenschen Paares gibt sich also im grossen und ganzen als durchaus zeittypische Form der Ehe zu erkennen, die über die Standesgrenzen hinaus geltend ist.

Wenn auch Melanie in Herkunft und Erziehung Effi ähnelt, so weist sie jedoch eine kritische Distanz zu allen gesellschaftlichen Glaubenssätzen auf, die Effi völlig fremd war. In Melanies Interpretation des Tintoretto-Gemäldes der L'Adultera offenbart sich eine geistige Unabhängigkeit von gesellschaftsgültigen Anschauungen, eine Selbständigkeit des Urteils, das sich allein auf eigene Gefühle und Einsichten begründet und die keine der adligen Frauen, mit Ausnahme Victoires, aufweisen konnte:

> "Sieh nur ...! Geweint hat sie ... Gewiss ... Aber warum? Weil man ihr immer wieder und wieder gesagt hat, wie schlecht sie sei. Und nun glaubt sie's auch oder will es wenigstens glauben. Aber ihr Herz wehrt sich dagegen und kann es nicht finden ... Und dass ich dir's gestehe, sie wirkt eigentlich rührend auf mich. Es ist soviel Unschuld in ihrer Schuld ... Und alles wie vorherbestimmt." (S. 118)

Melanie erkennt intuitiv, was Effi verwehrt war zu erkennen, dass nämlich die Moralgesetze, die die Gesellschaft aufgestellt hat, nicht unbedingt mit der persönlichen Moral zusammenfallen müssen. Wo Effi bedingungslos das gesellschaftliche Urteil als oberste Richtungsinstanz anerkannt hatte, da stellt Melanie die Stimme des Herzens über die Verbindlichkeit der gesellschaftlichen Moralgesetze. Wo Effi in ihrer Selbstentfremdung die Erkenntnis verschlossen blieb, warum sie nicht "die rechte Schuld" fühlen konnte, da erkennt Melanie, dass die Schuldgefühle der Ehebrecherin nicht ihre eigenen sind, sondern nur gesellschaftlich bedingt sind.

Ungleich Effi versucht Melanie sich nicht einzureden, dass sie in ihrer sie unbefriedigt lassenden Ehe glücklich sein sollte. Die Gesellschaftshörigkeit der adligen Frauen hat diese zu solcher Selbstentfremdung geführt, dass sie sich schuldig fühlen über die leisesten Regungen des Aufbegehrens gegenüber ihren Gatten, die ihnen ja von der Gesellschaft als "die Richtigen" zugewiesen worden sind. Melanie dagegen empfindet eine ganz bewusste Abscheu vor ihrem Gatten, der sie beständig mit seinen Geschmacklosigkeiten quält. Sie befindet sich innerlich zumindest in einem Zustand ständiger Auflehnung gegen den Zwang, die Rolle der liebevollen und glücklichen Ehefrau weiterzuspielen: " ... sie dominierte nur, weil sie sich zu zwingen verstand; aber dieses Zwanges los und ledig zu sein blieb doch ihr Wunsch, ihr beständiges, stilles Verlangen" (S. 148). Es wird deutlich, dass Melanie sich in ihrer zehnjährigen Ehe viel von der Denkungsart ihres bürgerlichen Mannes angeeignet hat. Sie weist die gleichen Wesenszüge auf, die wir auch an van der Straaten beobachten konnten. Nur so lässt sich Melanies Unabhängigkeit des Denkens und Fühlens erklären, die wir bei keiner der adligen Frauen, die innerhalb ihres Standes geheiratet haben, beobachten konnten.

Die Bekanntschaft mit dem jungen Ebenezer Rubehn wird für Melanie zum Katalysator ihrer bis dahin noch unklaren Empfindung, in einer Daseinslüge zu leben. Durch Rubehn erfährt sie, welch Glück es bedeuten kann, mit einem Manne zusammen zu sein, der ihre Individualität respektiert, ihren Bedürfnissen Verständnis entgegenbringt und sie nicht, wie van der Straaten, als bloss typisch weibliche und daher nicht ernstzunehmende Launen missachtet.

Walter Müller-Seidel weist in seiner Untersuchung der Erzählung auf die grundlegende Unfähigkeit van der Straatens hin, den Unterschied zwischen Typus und Individualität, Kopie und Original zu erkennen und zu würdigen:

> "Die Tendenz zur Kopie ist vielmehr im Denken dieses neureichen Bürgers angelegt. Es ist das eine Denkart, die wieder nur die Kopie anderer Denkarten ist - ein durch und durch typisches Verhalten ... Die Kultur über-

haupt, reproduzierbar und käuflich, ist ihm zur Kopie geworden. Er nimmt
an der einmal aus Originalität und Spontaneität entstandenen Tradition nur
noch Konventionen wahr. "[3]

So wie van der Straaten sich daher mit Kopien für seine Bildergalerie begnügt und nicht
daran interessiert ist, Originale zu besitzen, so ist er denn auch nicht daran interessiert, das Eigene und Unverwechselbare an seiner Frau zu erfassen. "Das Individuelle eines Portraits entschwindet seinem Blick. Er nimmt vornehmlich das
Typische wahr - die Kopie, die man in zahllosen Exemplaren besitzen kann. Das
Individuelle seiner Frau erschöpft sich für ihn in dem, was Frauen allgemein sind ...
sie leben mehr in der Gattung als in der Individualität"[4].

Und so sieht denn auch van der Straaten in Melanies Entschluss, ihn zu verlassen, nicht mehr als eine typische Weiberlaune:

> "Und ich sage dir, es geht vorüber, Lanni. Glaube mir, ich kenne die
> Frauen. Ihr könnt das Einerlei nicht ertragen, auch nicht das Einerlei des
> Glücks. Und am verhasstesten ist euch das eigentliche, das höchste Glück,
> das Ruhe bedeutet. Ihr seid auf die Unruhe gestellt. Ein bisschen schlech-
> tes Gewissen habt ihr lieber als ein gutes, das nicht prickelt, und unter
> allen Sprüchwörtern ist euch das vom 'besten Ruhekissen' am langweilig-
> sten und am lächerlichsten. Ihr wollt gar nicht ruhen. Es soll euch immer
> was kribbeln und zwicken, und ihr habt den überspannt sinnlichen oder
> meinetwegen auch den heroischen Zug, dass ihr dem Schmerz die süsse
> Seite abzugewinnen wisst. " (S. 206)

Van der Straatens Missachtung der Individualität seiner Frau, seine aus seiner patriarchalischen Überlegenheitsstellung kommende starrköpfige Weigerung, auf die
Bedürfnisse und Gefühle seiner Frau auch nur im geringsten einzugehen, sind ganz
eindeutig die Gründe, die Melanie schliesslich in den Ehebruch treiben. Es sind
dies, darauf ist hier hinzuweisen, genau die gleichen Gründe, die auch Effi zum
Ehebruch und Cécile an den Rand des Ehebruchs und schliesslich in den Tod treiben.
Doch wo der Ehebruch Effi nur zu Selbstvorwürfen, Schuldgefühlen und vergrösser-
ter Selbstentfremdung geführt hat, da bringt er Melanie zu einem endgültigen Durch-
bruch zu sich selbst, zu einem klaren Bewusstsein ihres eigentlichen Wollen und
Wünschen. Und so sind es gerade die Verallgemeinerungen, mit denen van der Straaten Melanie zum Bleiben überreden will, die sie noch stärker auf ihren Entschluss,
ihn zu verlassen, beharren lassen:

> "Es war eben immer dasselbe Lied. Alles, was er sagte, kam aus einem
> Herzen voll Gütigkeit und Nachsicht, aber die Form, in die sich diese
> Nachsicht kleidete, verletzte wieder. Er behandelte das, was vorgefallen,
> aller Erschütterung unerachtet, doch bagatellmässig obenhin und mit ei-
> nem starken Anfluge von zynischem Humor. Es war wohlgemeint, und die
> von ihm geliebte Frau sollte, seinem Wunsche nach, den Vorteil davon
> ziehen. Aber ihre vornehmere Natur sträubte sich innerlichst gegen eine
> solche Behandlungsweise. Das Geschehene, das wusste sie, war ihre Ver-
> urteilung vor der Welt, war ihre Demütigung, aber war doch auch zugleich
> ihr Stolz, dies Einsetzen ihrer Existenz, dies rückhaltlose Bekenntnis ih-
> rer Neigung. Und plötzlich sollte es <u>nichts</u> sein oder doch nicht viel mehr

als nichts, etwas ganz Alltägliches, über das sich hinwegsehn und hinweg-
gehen lasse. Das widerstand ihr. Und sie fühlte deutlich, dass das Gesche-
hene verzeihlicher war als seine Stellung zu dem Geschehenen." (S. 209)

Waren alle bisher besprochenen Frauenfiguren des Adels dazu bereit gewesen, aus
gesellschaftlichen Rücksichtnahmen ihr Selbst aufzugeben, da stellt Melanie die
Treue zur eigenen Wesensmitte über alles, die Selbstverantwortung über die Verantwortung, die das Individuum gegenüber der Gesellschaft hat, das Gesetz, das ihr
"ins Herz geschrieben" (S. 210), über das Gesetz der Gesellschaft:

> "Es ist so und nicht anders. Ich will den Kopf wieder hochhalten und mich
> wieder fühlen lernen. Alles ist eitle Selbstgerechtigkeit. Und ich weiss
> auch, es wäre besser und selbstsuchtsloser, ich bezwänge mich und bliebe,
> freilich immer vorausgesetzt, ich könnte mit einer Einkehr bei mir selbst
> beginnen. Mit Einkehr und mit Reue. Aber das kann ich nicht. Ich habe nur
> ein ganz äusserliches Schuldbewusstsein, und wo mein Kopf sich unterwirft,
> da protestiert mein Herz. Ich nenn es selber ein störrisches Herz, und ich
> versuche keine Rechtfertigung. Aber es wird nicht anders durch mein
> Schelten und Schmähen. Und sieh, so hilft mir denn eines nur und reisst
> mich eines nur aus mir heraus: ein ganz neues Leben und in ihm das, was
> das erste vermissen liess: Treue." (S. 211)

Melanies Bereitschaft, ihre ganze Existenz für die Wiedergewinnung ihrer Selbstachtung und der Einheit mit sich selbst aufs Spiel zu setzen, weist hier ausdrücklich die gesellschaftsüblichen Vorstellungen der Zeit zurück, dass das weibliche Glück allein auf der materiellen Sicherheit, die eine Ehe der Frau gewähren
kann, beruhe. Die Liebe zu Rubehn hat in Melanie das Gefühl ihres Selbst wiederer-
weckt, das in ihrer Ehe völlig verschüttet worden war. Sie erkennt nun, dass "Ver-
wöhnung ... kein Glück" bedeutet, sondern dass "Wenig mit Liebe" besser ist (S.
202). Die "Prostitution" und Verstellung, die sie jahrelang um der Bewahrung ihrer
Position willen betrieben hatte, werden ihr daher nun unerträglich:

> "Jeder Tag wurd ihr qualvoller, und die sonst so stolze und siegessichere
> Frau, die mit dem Manne, dessen Spielzeug sie zu sein schien und zu sein
> vorgab, durch viele Jahre hin immer nur ihrerseits gespielt hatte, sie
> schrak jetzt zusammen und geriet in ein nervöses Zittern, wenn sie von
> fern her seinen Schritt auf dem Korridor hörte. Was wollt er? Um was kam
> er? Und dann war es ihr, als müsse sie fliehen und aus dem Fenster sprin-
> gen." (S. 200)

Während Melanie das Unsittliche der rein materiellen Grundlage ihrer Ehe mit van
der Straaten begriffen hat, ist diesem selbst jedoch solche Einsicht verwehrt:

> " ... du hast enfin an die zehn Jahr in der Vorstellung und Erfahrung ge-
> lebt, dass es nicht zu den schlimmsten Dingen zählt, eine junge, bequem
> gebettete Frau zu sein und der Augapfel ihres Mannes, eine junge, verwöhn-
> te Frau, die tun und lassen kann, was sie will, und als Gegenleistung nichts
> andres einzusetzen braucht als ein freundliches Gesicht, wenn es ihr grade
> passt." (S. 207)

Van der Straaten kann das Mass der Selbstverleugnung und der Erniedrigung nicht begreifen, das darin liegt, einem ungeliebten Partner mit einem "freundlichen Gesicht" für materielle Bequemlichkeiten zu bezahlen.

Wenn diese grosse Aussprache zwischen Melanie und van der Straaten erkennen lässt, wie tiefgreifend Fontanes Verständnis für die problematische Stellung der Frau in der Ehe war, ein Verständnis, das dem Ibsens nicht nachstand, so zeigt Fontane hier aber auch Verständnis dafür, wie schwer es für den Mann sein kann, sich aus konventionellen Denkweisen zu lösen und die untergeordnete und willfährige Rolle, die die Frau bisher in der Ehe zu spielen hatte, nun als fragwürdig anzusehen. Van der Straaten bleibt im Grunde eine sympathische Figur, da seine Haltung in ihrer Zeittypik als entschuldbar, wenn auch nicht als weniger verurteilenswert dargestellt wird. Die Berufung van der Straatens auf Heinrich Heine als seinen Freund und sein Vorbild ist nicht zufällig. Gleich Heine, der ebenfalls getaufter Jude war, gibt es bei van der Straaten eine Bewusstheit, dass er in einer Umbruchszeit lebt, in der das Selbstverständliche unvermutet nicht mehr dieses Selbstverständliche ist, und dass die üblichen Anschauungs- und Verhaltensweisen sich destruktiv auswirken können. Dass van der Straaten trotz seiner aufgeschlossenen Denkweise seine Haltung Melanie gegenüber nicht ändert, wird im Roman auf seinen pessimistischen Glauben zurückgeführt, dass selbst eine Änderung von seiner Seite den prädeterminierten Verlauf des Schicksals nicht aufhalten könne.

Der Glaube an ein prädeterminiertes Schicksal wird von dieser Erzählung aber nur teilweise bestätigt. Zwar kommt es zu dem vorausgeahnten Ehebruch Melanies, zugleich aber wird darauf hingewiesen, dass es wohl in der Macht van der Straaten gelegen hätte, diesen durch eine Änderung seiner Haltung zu verhindern. In der Aussprache zwischen Melanie und van der Straaten wird vom Erzähler angedeutet, dass ein Ablassen van der Straatens von seinem gewohnten Zynismus und etwas mehr Verständnis für Melanies Lage wohl dazu hätten führen können, diese zurückzuhalten: "Melanie war, als er zu sprechen begann, tief erschüttert gewesen, aber er selbst hatte, je weiter er kam, dieses Gefühl wieder weggesprochen. Es war eben immer dasselbe Lied" (S. 209).

Melanie selbst ist der Beweis dafür, dass jeder Mensch im Grunde seines eigenen Glückes Schmied ist. Durch ihre mutige und tatkräftige Haltung überwindet Melanie nicht nur den von der Gesellschaft als Nemesis empfundenen Zusammenbruch des Rubehnschen Geschäftes (S. 247), sondern auch die Krise in ihrer Ehe mit Rubehn und die zunächst als unüberwindbar scheinenden Vorurteile der Gesellschaft. Der Glaube an die Prädetermination, der von der Erzählung selbst formal durch eine geschickte Anordnung von Vorausdeutungen, Vorahnungen und Präfigurationen scheinbar unterstützt wird, wird vom Inhalt her am Schluss triumphierend widerlegt.

So weist Kurt Wölfel in seiner Studie "Man ist nicht bloss ein einzelner Mensch" darauf hin, dass die Figuren Fontanes immer nach präfigurierenden Exempeln für das eigene Tun suchen und sich damit die tröstliche Versicherung geben, Beistand in ihrer Resignation zu haben[5]. Im Falle Melanies aber kommt es zu einer Ablehnung aller präfigurierenden Gestalten. So weist Melanie eine Parallele mit der ehebrecherischen Frau Vernezobres zurück, und ebenso lehnt sie die präfigurierende Gestalt der büssenden Magdalena ab:

"Ach, Ezel, ich spreche von Schuld und wieder Schuld, und es muss beinah klingen, als sehnt ich mich danach, eine büssende Magdalena zu sein. Ich schäme mich ordentlich der grossen Worte. Aber freilich, es gibt keine Lebenslage, in der man aus der Selbsttäuschung und dem Komödienspiel herauskäme. Wie steht es denn eigentlich? Ich will fort, nicht aus Schuld, sondern aus Stolz ... " (S. 210)

Aus Melanies Ablehnung aller präfigurierenden Gestalten und ihrem Bekenntnis, keine Bilder "und am wenigsten alte" (S. 126) zu kennen, lässt sich ein Geist der Unabhängigkeit, eine Unbeschwertheit von Traditionen und Vorbildern erkennen, die allen anderen adligen Frauen unbekannt war und die sich nur aus dem Einfluss der bürgerlichen Mentalität ihres Mannes erklären lässt. Indem Fontane uns so eine Frauengestalt vorstellt, die solch ein Selbstvertrauen und solchen Optimismus besitzt, um den Kampf mit der Welt, die die Selbstverwirklichung des Individuums nicht will, bestehen zu können, überträgt er auch dem Leser den Optimismus, dass die Selbstverwirklichung der Person kein blosses Traum- und Wunschbild ist, solange es mutige Menschen wie Melanie gibt.

Melanies Ehebruch und ihr Entschluss, Mann und Kinder zu verlassen, wird jedoch nicht einseitig als eine positive und nachahmenswerte Handlungsweise dargestellt. Der Verstoss gegen gesellschaftliche Sitte wird nicht leicht genommen. Von einer der sympathischsten Figuren des Romans, dem Fräulein von Sawatzki, wird Melanies Handlungsweise als die einer ihr Leben lang verwöhnten jungen Frau verurteilt, die auch hier nur einem selbstsüchtigen Drang folgte:

"Sieh, Herzenskind, du hast nicht anders gekonnt, weil du das andre nicht gelernt hattest, das andre, worauf es ankommt, und weil du nicht wusstest, was der Ernst des Lebens ist. Und Anastasia sang wohl immer: 'Wer nie sein Brot mit Tränen ass', und Elimar drehte dann das Blatt um. Aber singen und erleben ist ein Unterschied. Und du hast das Tränenbrot nicht gegessen, und Anastasia hat es nicht gegessen und Elimar auch nicht. Und so kam es, dass du nur getan hast, was dir gefiel oder wie dir zumute war. Und dann bist du von den Kindern fortgegangen, von den lieben Kindern, die so hübsch und so fein sind, und hast sie nicht einmal sehen wollen. Hast dein eigen Fleisch und Blut verleugnet. Ach, mein armes, liebes Herz, das kannst du vor Gott und Menschen nicht verantworten. " (S. 231)

Melanie selbst beschönigt nichts: "'Ach, Rubehn, Freund, was sind wir in unserem Tun und Wollen! Undank, Untreue ...' " (S. 201). Und selbst Rubehn kommen Zweifel, ob Melanies Entscheidung, ihre langjährige Ehe, ihre Kinder, ihr gewohntes ruhiges Leben aufzugeben, nicht doch verantwortungslos und leichtsinnig sei:" ... ein Gefühl von Schreck und ungeheurer Verantwortlichkeit über ein durch ihn gestörtes Glück überkam ihn und erfüllte plötzlich sein ganzes Herz" (S. 198).

Ein Brief Fontanes an Paul Lindau aus dem Jahre 1880 belegt, dass seine Haltung gegenüber Melanies gewagten Schritt ziemlich ambivalent war, und er sich bis zuletzt nicht sicher war, in welchem Tone er seinen Roman ausklingen lassen sollte:

"Ich schreibe heute wegen einer Novelle, mit der ich im Brouillon eben
fertig bin ... Es wird niemand gefeiert, noch weniger gelästert, und wenn
ich bemüht gewesen bin, das Leben zu geben, wie es liegt, so bin ich nicht
minder bemüht gewesen, das Urteil zu geben, wie es liegt. Das heisst im
letzten, und nach lange schwankender Meinung, freundlich und versöhn-
lich. "[6]

Während Fontane in seinem Roman deutlich gegen die Erniedrigung der Frau zur
Puppe, zum blossen Instrument ihres Mannes und der gesellschaftlichen Konventionen protestiert, so will er doch nicht,

"... dass man die Ordnungsmächte - als eine Realität - übersieht; er will
noch weniger, dass man die Selbstbestimmung, das Selbstsein, die Existenz ... mit einer "Herzensbestimmung" verwechselt, die vielerlei sein
könnte: Subjektivität, Willkür oder das, was in der Kritik der Gespenster
das Wetterwendische genannt wird. "[7]

In seiner Kritik von Ibsens Gespenster sollte Fontane denn auch noch einmal klar
seine in L'Adultera durchscheinende Haltung formulieren:

"Die grösste aller Revolutionen würde es sein, wenn die Welt, wie Ibsens
Evangelium es predigt, übereinkäme, an Stelle der alten, nur scheinbar
prosaischen Ordnungsmacht die freie Herzensbestimmung zu setzen. Das
wäre der Anfang vom Ende. Denn so gross und stark das menschliche Herz
ist, eins ist noch grösser: seine Gebrechlichkeit und seine wetterwendische
Schwäche. "[8]

Um also das freundliche und versöhnliche Ende seines Romanes zu rechtfertigen,
lässt Fontane Melanie zeigen, dass es nicht bloss auf das Herz ankommt, sondern
auch auf die Integrität des Charakters. Melanie hat denn auch in ihrer neuen Verbindung eine harte Bewährungsprobe zu durchstehen. Auch Rubehn zeigt, wie van
der Straaten alle Züge des Herrn und Gebieters, der seiner Frau nur eine untergeordnete Stellung in der Ehe zugestehen will und in ihr nur den Typ des verwöhnten
und zu verwöhnenden Weibchens sieht:

"Ach, meine liebe Melanie, du warst immer ein Kind, und du bist es auch
in diesem Augenblicke noch. Ein verwöhntes und ein gutes, aber doch ein
Kind. Sieh, von deinem ersten Atemzuge an hast du keine Not gekannt, ach,
was sprech ich von Not, nie, solange du lebst, ist dir ein Wunsch uner-
füllt geblieben. Und du hast gelebt wie im Märchen von 'Tischlein, decke
dich', und das Tischlein hat sich dir gedeckt, mit allem, was du wolltest,
mit allem, was das Leben hat, auch mit Schmeicheleien und Liebkosungen.
Und du bist geliebkost worden wie ein King-Charles-Hündchen mit einem
blauen Band und einem Glöckchen daran. Und alles, was du getan hast, das
hast du auch spielend getan.Und nun willst du auch spielend entbehren lernen und denkst: es findet sich. Oder denkst auch wohl, es sei hübsch und
apart, und schwärmst für die Poetenhütte, die Raum hat für ein glücklich
liebend Paar, oder wenigstens haben soll. " (S. 243-244)

Während diese Einschätzung Rubehens von Melanie nicht als unverständlich dargestellt wird in Hinblick auf Melanies bisherige Lebensweise, so wird doch durch Melanies Antwort auf Rubehns Eröffnung seiner finanziellen Sorgen zu erkennen gegeben, dass jenes Bild der Frau als nutzloses Schosshündchen und verwöhntes, in rea-
litätsfernen Märchen lebenden Kindes zugleich auch durch die Haltung von Männern
wie van der Straaten und Rubehn geschaffen worden ist, die der Frau nicht einmal
die Chance geben wollen, das Gegenteil unter Beweis zu stellen:

> "Oh, nur das! ... Oh, nun wird alles wieder gut ... Und was eurem Hause
> Unglück bedeutet, mir bedeutet es Glück, und nun weiss ich es, es kommt
> alles wieder in Schick und Richtung, weit über all mein Hoffen und Erwar-
> ten hinaus ... Als ich damals ging und das letzte Gespräch mit ihm hatte,
> sieh, da sprach ich von den Menschlichen unter den Menschen. Und es ist
> mir, als wär es gestern gewesen. Und auf diese Menschlichen baut ich
> meine Zukunft und rechnete darauf, dass sie's versöhnen würde: ich liebte
> dich! Aber es war ein Fehler, und auch die Menschlichen haben mich im
> Stich gelassen. Und jetzt muss ich sagen, sie hatten recht. Denn die Liebe
> tut es nicht, und die Treue tut es auch nicht. Ich meine die Werkeltags-
> treue, die nichts Besseres kann, als sich vor Untreue bewahren. Es ist
> eben nicht viel, treu zu sein, wo man liebt und wo die Sonne scheint und
> das Leben bequem geht und kein Opfer fordert. Nein, nein, die blosse
> Treue tut es nicht. Aber die bewährte Treue, die tut es. Und nun kann ich
> mich bewähren und will es und werd es, und nun kommt meine Zeit. Ich
> will nun zeigen, was ich kann, und will zeigen, dass alles Geschehene nur
> geschah, weil es geschehen musste, weil ich dich liebte, nicht aber, weil
> ich leicht und übermütig in den Tag hinein lebte und nur darauf aus war,
> ein bequemes Leben in einem noch bequemeren fortzusetzen. " (S. 243)

Indem Melanie ihren Worten auch die Tat folgen lässt und ihrem Manne tüchtig durch
eigenen Gelderwerb unter die Arme greift, ist sie keine der passiven Frauengestalten mehr, die nur leidend tätig sind, sondern wird zum lebendigen Beweis, dass
eine Frau sich durchaus auch praktisch bewähren und aus Konventionen und klischee-
haftem Verhalten ausbrechen kann. Melanies Tatkraft verleiht dabei auch ihrer früheren Handlungsweise eine neue Dimension der Moral und Verantwortlichkeit.

An der Ehe von Melanie und Rubehn wird ein völlig neues Konzept der Ehe
illustriert. Es wird gezeigt, dass die Übernahme einer aktiven Rolle in der Ehe
durch die Frau aus einer Ehe eine bedeutungsvolle Verbindung machen kann. Indem
die Gleichheit zwischen den Ehepartnern hergestellt wird, wächst auch der Respekt
und die Zuneigung und das tiefe Band, das nie zwischen Ungleichen bestehen kann.
Erst dann, so wird an der Ehe Melanies gezeigt, ist die ideale Ehe verwirklicht.
An dieser Ehe wird denn auch von Fontane klargemacht, was den Ehen, die er in
seinen folgenden Romanen darstellen sollte, im Grunde fehlt.

Zugleich lässt Fontane Melanie durch ihre selbstverständliche Anpassung
an die veränderte Finanzlage Rubehns die stereotype Vorstellung vom weiblichen
Glück als materieller Sicherheit widerlegen:

> "Mir ist das Glück etwas anderes als ein Titel oder eine Kleiderpuppe.
> Hier ist es, oder nirgends. Und so dacht ich und fühlt ich immer, und so

war ich immer, und so bin ich noch. Aber wenn es auch anders mit mir stünde, wenn ich auch an dem Flitter des Daseins hinge, so würd ich doch die Kraft haben, ihm zu entsagen. Ein Gefühl ist immer das herrschende, und seiner Liebe zuliebe kann man alles, alles. Wir Frauen wenigstens. Und ich gewiss. Ich habe so vieles freudig hingeopfert, und ich sollte nicht einen Teppich opfern können! " (S. 244-245)

Hier wird eine Auffassung von Wesen und Aufgabe der Frau ausgedrückt, die erst durch Betty Friedans Buch The Feminine Mystique[9] in Frage gestellt worden ist. Es ist eine Auffassung, die Louise Otto, die prominenteste Sprecherin der deutschen Frauenbewegung um die Mitte des 19. Jahrhunderts, folgendermassen ausgedrückt hat:

"Was dem Weibe von der Gottheit als Erbe übergeben worden, in seiner ganzen Macht und Heiligkeit zur Geltung zu bringen gegen die Übermacht einer entweder kalten oder brutalen Kraft - dies ist das eigentliche erhabene und schöne Ziel, ...
....
"Mit dem Herzen habe ich mich hingegeben an das Vaterland, an die Menschheit - und je mehr ich im Allgemeinen lebe und für es, je mehr erkenne ich, dass es gut wäre, wenn in allen Fragen des Tages, in allen Angelegenheiten des Staates oder der Gesellschaft mehr mit dem Herzen abgestimmt würde, als es jetzt geschieht. "[10]

Das, was "dem Weibe von der Gottheit als Erbe übergeben", das Goethesche "Ewig Weibliche", wird als die Kraft des Herzens, Wärme, Begeisterung, Hingabe und Aufopferung verstanden. Das bedeutet, dass

"... wenn man auch Selbständigkeit und Mündigkeit für die Frauen forderte, so stellte man doch gleichzeitig Lebensinhalt und Lebensziel der Frauen unter die Norm der "Hingabe", der "Liebe", der "Aufopferung" ... Erfüllten die meisten Frauen diese Norm nur instinktiv und deshalb unvollständig, so sollte die mündige, selbständige Frau durch bewusste Entscheidung "freiwillig" jenem "Erbe der Gottheit" dienen."[11]

Betty Friedan weist in ihrem Buche darauf hin, dass gerade diese Normen zur Versklavung der Frau beigetragen haben, da sie ihnen nur ein Leben in anderen und durch andere erlaubten. Wenn Fontane auch diese Einsicht verschlossen war und er offensichtlich nicht an einen möglichen Konflikt zwischen der Individualität der Frau und diesen Normen glaubte, so ist doch sein in diesem Roman ausgedrückter Einsatz für die Selbstbestimmung der Frau nichts weniger als fortschrittlich, wenn er auch im Rahmen von zeittypischen Vorstellungen von der Frau verbleibt.

Als vollkommen wird das Glück Melanies aber erst dargestellt, als es auch zu einer Versöhnung mit der Gesellschaft kommt[12]. Wird in diesem Roman auch das Recht des Individuums als ebenbürtig neben das Recht der Gesellschaft gestellt, so wird doch die Gesellschaft mit ihren Ordnungen als der eigentliche Raum der Existenz für den Menschen anerkannt: " 'In welche Wirrnis geraten wir, sowie wir die Strasse des Hergebrachten verlassen und abweichen von Regel und Gesetz.

Es nutzt uns nichts, dass wir uns selber freisprechen. Die Welt ist doch stärker als wir und besiegt uns schliesslich in unseren eigenen Herzen'" (S. 234).

Doch die Versöhnung mit der Gesellschaft wird hier nicht erreicht durch Selbstaufgabe, sondern unter Beibehaltung des individuellen Rechts. Denn wenn auch die Gesellschaftsordnung als im letzten als verbindlich und notwendig angesehen wird, so wird sie auch als fragwürdig entlarvt da, wo sie der Natürlichkeit entbehrt und den menschlichen Regungen keinen Raum lässt. Zugleich wird auch auf die Wankelmütigkeit des gesellschaftlichen Urteils hingewiesen, um dessentwillen so viele Fontanesche Gestalten ihr Lebensglück opfern. So erkennt Rubehn:

> "Wenn es in London etwas ganz Apartes gibt, so heisst es, 'It is a nine-days-wonder,' und mit diesen neun Tagen ist das höchste Mass von Erregungsandauer ausgedrückt. Das ist in London. Hier dauert es etwas länger, weil wir etwas kleiner sind. Aber das Gesetz bleibt dasselbe. Jedes Wetter tobt sich aus. Eines Tages haben wir wieder den Regenbogen und das Fest der Versöhnung." (S. 229)

Dass diese Prognose Rubehns zutreffend ist, wird denn auch vom Erzähler nicht ohne Ironie bestätigt:

> "Man kümmerte sich wieder um sie, liess sie gesellschaftlich wieder aufleben, und selbst solche, die bei dem Zusammenbrechen der Rubehnschen Finanzherrlichkeit nur Schadenfreude gehabt und je nach ihrer klassischen oder christlichen Bildung und Veranlagung von "Nemesis" oder "Finger Gottes" gesprochen hatten, bequemten sich jetzt, sich mit dem hübschen Paare zu versöhnen, "das so glücklich und so gescheit sei und nie klage und sich so liebe". Ja, sich so liebe. Das war es, was doch schliesslich den Ausschlag gab, und wenn vorher ihre Neigung nur Neid und Zweifel geweckt hatte, so schlug jetzt die Stimmung in ihr Gegenteil um. Und nicht zu verwundern! War es doch ein und dasselbe Gefühl, was bei Verurteilung und Begnadigung zu Gericht sass, und wenn es anfangs eine sensationelle Befriedigung gewährt hatte, sich in Indignation zu stürzen, so war es jetzt eine kaum geringere Freude, von den "Inséparables" sprechen und über ihre "treue Liebe" sentimentalisieren zu können ... Und hiermit sah sich denn auch der einen Winter lang auf den Schild gehobene van der Straaten abgefunden und teilte das Schicksal aller Saisonlieblinge, noch schneller vergessen als erhoben zu werden. Ja, der Spott und die Bosheit begannen jetzt ihre Pfeile gegen ihn zu richten, und wenn des Falles ausnahmsweise noch gedacht wurde, so hiess es: "Er hat es nicht anders gewollt. Wie kam er nur dazu? Sie war siebzehn! Allerdings, er soll einmal ein Lion gewesen sein. Nun gut. Aber wenn dem 'Löwen' zu wohl wird ..." Und dann lachten sie und freuten sich, dass es so gekommen, wie es gekommen."
> (S. 247-248)

Das gesellschaftliche Urteil wird hier also zu einem relativen Wert abgestuft und die gesellschaftliche Ächtung als temporär dargestellt. Durch das Beispiel von Melanie und Rubehn, die der Gesellschaft erfolgreich trotzten und ihre eigenverantwortliche Entscheidung nicht preisgaben, wird auf die Möglichkeit hingewiesen, dass starke Naturen gesellschaftliche Isolation wohl überleben können und dass als unveränderlich empfundene Bindungen verantwortungsvoll durchbrochen werden können. In dem glücklichen Ausgang dieses Romanes liegt etwas unübersehbar Ermutigendes, eine zukunftsaufschliessende Beispielhaftigkeit. Dies wird denn auch von H. R. Klieneberger in seiner Studie "Social Conformity and Nonconformity in Fontane's Novel's" formuliert: "A successful defiance of an inhuman convention ... inevitably modifies and weakens this convention and thereby furthers civilisation"[13]. Fontane predigt aber auch in diesem seinen wohl didaktischten und explizitesten Roman keine Revolution, er stellt keine Ideologie auf, sondern plädiert für eine Haltung, die er ein paar Jahre später in einem Briefe ausdrücken sollte:

> "Ich werde niemanden den Rat zur Auflehnung dagegen [gegen das Sittengesetz] erteilen. Aber wenn er sich, ohne mich zu fragen, bereits aufgelehnt hat, wenn mir seine Auflehnung als ein fait accompli entgegengebracht wird, so mess ich den Fall nicht mehr mit der allgemeinen Conventionelle aus ... sondern sehe mir den Fall an und beurteile ihn nun mit der mir persönlich ins Herz geschriebenen Moral und nicht mit der öffentlichen..."[14]

Fontanes Roman L'Adultera wurde seit seinem Erscheinen immer wieder wegen seines als sentimental und unrealistisch empfundenen Schlusses kritisiert[15]. Fontane selbst fand, dass der glückliche Ausgang der Ravené-Affaire, die seinem Roman zugrunde lag und die er bis in ihr glückliches Ende nachgestaltet hatte, ein Ausnahmefall war: "'So gut wie mit der Frau Ravené, die als Frau Simon ein neues, besseres Leben anfing - so gut schliesst es nicht immer ab. Ja, der Frau-Ravené-Fall ist ein Ausnahmefall'"[16]. Das Happy-end dieser Geschichte kann nun zwar in der Tat als ein Ausnahmefall angesehen werden, insofern starke und mutige Menschen wie Melanie und Rubehn immer Ausnahmen sind. Es aber als unrealistisch und gar als märchenhaft anzusehen ist ungerechtfertigt. Wollte Fontane mit L'Adultera eine ermutigende Geschichte schreiben, wie es am Romananfang angedeutet wird, wenn Melanie das Gemälde der L'Adultera als ermutigend empfindet (S. 118), so lag es ihm fern, einen unrealistischen Roman zu schreiben nur um dieser Ermutigung willen. Dem Happy-end des Romans liegen der Mut und die Ausdauer und die Lebenstüchtigkeit der Protagonisten zugrunde, die vor allem mit ihrem bürgerlichen Herkommen erklärt werden können, und zugleich auch mit ihrer realistischen Einschätzung der Gesellschaft, deren Wankelmut nicht nur sie, sondern auch eine ganze Reihe von chronologisch späteren Fontaneschen Figuren erkennen.

Dass Fontane selbst davon überzeugt war, dass solch einer mutigen und nüchternen Einstellung zur Wirklichkeit durchaus die Möglichkeit des Erfolges beschieden sein kann, geht aus seiner Besprechung von Ibsens Wildente hervor, in welchem Zusammenhang er auch Bezug auf Turgenjews Roman Neuland nimmt:

> "In Turgenjews letztem Roman "Neuland" verklingt auch alles trübe genug, und alle die, die wirr und unklar strebten, gehen zugrunde; aber auf den einen, der, allen Utopien feind, ohne Phrasen einfach Nützliches und zugleich nächstliegend Menschliches ins Auge fasst, auf ihn fällt das Licht eines kommenden Tages. Und ähnlich auch in diesem Ibsenschen Stück. Zugrunde geht die Prätension, die mit öden Redensarten die Welt reformieren will; aber die von Wissen und Können getragene Nüchternheit bewahrt sich; und neben ihr kommt der nicht genug zu beherzigende Satz zu seinem Recht: dass die Lebeleute, die sich zu fördern wussten (und wenn es selbst

Schuld war, was sie förderte), lange nicht die Schlimmsten sind und hilf-
reich und mitleidsvoll einspringend ihre Schuld entweder quitt machen oder
sie doch mindern, im Gegensatz zu jenen unklaren Köpfen, die, während
sie von "Idealen" sprechen, nur sich selbst meinen und, während sie von
Weltverbesserung sprechen, nur ihrer Eitelkeit frönen wollen."[17]

Das Happy-end von L'Adultera als "billige Gartenlauben-Konzilianz" abzuwerten,
wie Peter Demetz es tut (siehe Anmerkung 15), scheint also bei näherer Betrachtung der dazu führenden Umstände nicht mehr angebracht. Die Versöhnlichkeit des
Happy-ends bedeutet keineswegs den Ausschluss eines konsequenten Realismus, sie
gibt sich vielmehr als ein die Realität des Lebens ganz und gar nicht verkennender
Pragmatismus zu erkennen: Statt sich im fanatischen Kampf mit den Gegebenheiten
des Lebens aufzureiben, wird hier von den Protagonisten zum Leben eine versöhnliche Distanz eingenommen, wobei ihnen die Kraft erhalten bleibt, ihre Ideale von
einer humanen Gesellschaft Schritt für Schritt zu verwirklichen. Damit wird auch
dem Leser das Leben wieder als sinnvoll und zukunftsträchtig gezeigt. In diesem
Sinne schreibt auch Bloch über die Funktion des Happy-ends in seinem Kapitel
"Happy-End, durchschaut und trotzdem verteidigt": "Mehr als einmal hat die Fiktion eines Happy-end, wenn sie den Willen ergriff, wenn der Wille sowohl durch
Schaden wie eben durch die Hoffnung klug geworden war, und wenn die Wirklichkeit
in keinem zu harten Widerspruch dagegen stand, ein Stück Welt umgebildet: das
heisst: eine anfängliche Fiktion wurde wirklich gemacht". Und weiter führt Bloch
aus:

> "Bedingungsloser Pessimismus befördert nicht viel weniger die Geschäfte
> der Reaktion als künstlich bedingter Optimismus; letzterer ist immerhin
> nicht so dumm, dass er an gar nichts glaubt ... Sieh den Ausgang der
> Dinge als freundlich an, das also ist nicht immer leichtsinnig oder dumm.
> Der dumme Trieb zum guten Ende kann ein kluger werden, der passive
> Glaube ein kundiger und aufrufender."[18]

Was Fontane mit seiner Darstellung eines gemeisterten Schicksales hier schafft,
stimmt mit dem Blochschen Begriff der "konkreten Utopie" überein. So definiert
Bloch "konkrete Utopie" folgendermassen:

> "Indem Menschen hier zum erstenmal bewusst Geschichte machen, ver-
> schwindet der Schein jenes Schicksals, das von Menschen, in der Klassen-
> gesellschaft, selbst produziert und unwissend fetischisiert worden ist.
> Schicksal ist durchschaute, unbeherrschte Notwendigkeit, Freiheit ist be-
> herrschte, aus der die Entfremdung verschwunden ist und wirkliche Ord-
> nung aufgeht, eben als das Reich der Freiheit. Konkret gewordene Utopie
> gibt den Schlüssel dazu, zur unentfremdeten Ordnung in der besten aller
> möglichen Gesellschaften. Homo homini homo: das also meinen die Grund-
> risse einer besseren Welt, was die Gesellschaft angeht."[19]

Wenn Fontane in seinen folgenden Romanen kein Happy-end mehr gestaltet hat, so
keineswegs aus Pessimismus, wie diese Studie zu beweisen versucht hat, oder gar
aus einem grösseren "Realismus" heraus. Es scheint vielmehr, dass dies auf eine
ästhetische Entscheidung zurückgeführt werden kann, die, wenn auch von Fontane

selbst nicht direkt belegt, doch seinen gesellschaftskritischen Intentionen entspricht. Indem nämlich Fontane die Apellstruktur seiner späteren Romane verändert, er sie in Scheitern und scheinbarer Resignation ausklingen lässt, wird das Unbehagen mit der bestehenden Gesellschaftsordnung im Leser verstärkt. In einem Roman wie L'Adultera dagegen, in dem die Gesellschaft im letzten als harmloses Monstrum dargestellt wird, wird dieses Unbehagen abgeschwächt. Das Leiden, das Gestalten wie Melanie und Rubehn an Hand der Gesellschaft ertragen mussten, gerät bei dem glücklichen Ausgang ihrer Geschichte zu sehr in den Hintergrund. Die Sehnsucht nach einer besseren Gesellschaftsordnung und der Selbstbestimmung der Frau werden damit nicht mit solcher Dringlichkeit hervorgerufen, wie es bei den anderen Romanen der Fall ist.

Anmerkungen

1) Ernest K. Bramsted, Aristocracy and the Middle-Classes in Germany: Social Types in German Literature 1830-1900 (Chicago: Univ. of Chicago Press, 1964), S. 151.

2) Alle Seitenangaben im laufenden Text beziehen sich auf Fontane, Romane und Erzählungen, Bd. III.

3) Müller-Seidel, Theodor Fontane, S. 173.

4) Müller-Seidel, Theodor Fontane, S. 174.

5) Kurt Wölfel, "Man ist nicht bloss ein einzelner Mensch: Zum Figurenentwurf in Fontanes Gesellschaftsroman", Zeitschrift für deutsche Philologie, 82 (1963), 165.

6) Fontane, Brief an Paul Lindau vom 14.1.1880, in Romane und Erzählungen, III, 539.

7) Müller-Seidel, Theodor Fontane, S. 180.

8) Theodor Fontane, "Gespenster", in Klassiker der Kritik, hrsg. von Emil Staiger (Zürich: Artemis Verlag, 1967), II, 415.

9) Betty Friedan, The Feminine Mystique (New York: Dell Publishing Co., 1963).

10) Louise Otto, Frauenzeitung, 23.11.1851, S. 321-322, zitiert nach Twellmann, I, 21.

11) Twellmann, I, 21.

12) Siehe Friedrich, "Die Schuldfrage", S. 378-379.

13) Klieneberger, S. 391.

14) Fontane, Werke, hrsg. Julius Petersen (Berlin: de Gruyter, 1929), Reihe II, Bd. III, 441.

15) Siehe Peter Demetz, Formen des Realismus (München: Hanser Verlag, 1964), S. 155.

16) Fontane, Brief an Georg Friedländer vom 28.3.1889, zitiert nach Romane und Erzählungen, III, 564.

17) Theodor Fontane, Schriften und Glossen zur europäischen Literatur, hrsg. Emil Staiger (Zürich: Artemis Verlag, 1967), II, 419-420.

18) Bloch, I, 515, 517.

19) Bloch, II, 728.

V

FRAU JENNY TREIBEL UND CORINNA

Fontane hat in vielen Briefen seiner "tiefen Abneigung" gegen das "überhand nehmende Bourgeoistum" Ausdruck gegeben. So schreibt er in einem Brief aus dem Jahre 1884 an seine Tochter Mete:

> "Wirklicher Reichtum imponiert mir oder efreut mich wenigstens, seine Erscheinungsformen sind mir im höchsten Masse sympathisch ... alles Grosse hat von Jugend auf einen Zauber für mich gehabt, ich unterwerfe mich neidlos. Aber der "Bourgeois" ist nur die Karikatur davon; er ärgert mich in seiner Kleinstietzigkeit und seinem unausgesetzten Verlangen, auf nichts hin bewundert zu werden."[1]

Fontane liebte den Bourgeois nicht, weil er "protzig, engherzig und ungebildet"[2] ist und er ihn in seiner "Geldsackgesinnung" durchschaute: "Alle geben sie vor, Ideale zu haben; in einem fort quasseln sie von 'Schönen, Guten, Wahren' und knicksen doch nur vor dem Goldnen Kalb, entweder indem sie tatsächlich alles, was Geld und Besitz heisst, umcouren oder sich doch heimlich in Sehnsucht danach verzehren"[3].

In seinem Roman Frau Jenny Treibel beabsichtigt Fontane, wie er es in einem Brief vom 26. April 1888 an Paul Schlenther ausdrückt, " 'eine humoristische Verhöhnung unsrer Bourgeoisie mit ihrer Redensartlichkeit auf jedem Gebiet, besonders auf dem der Kunst und der Liebe, während sie doch nur einen Gott und ein Interesse kennen: das Goldene Kalb' "[4]. Die Fontane-Literatur hat die Bourgeoiskritik dieses Romanes bereits eingehend behandelt. Die vorliegende Arbeit möchte sich nun vor allem auf eine Untersuchung der Stellung der Frau im aufsteigendem Bürgertum konzentrieren und darauf, inwieweit sie der Stellung der Frau in der gehobenen Bürgerklasse (Melanie van der Straaten) und der Adelsklasse ähnelt oder sich von ihr unterscheidet. Zugleich soll auch untersucht werden, inwiefern in diesem mittleren Bürgertum sich die Frau, die dem Bildungsbürgertum angehört und die hier von Corinna Schmidt verkörpert wird, von der Frau des Besitzbürgertums, das Fontane als die eigentliche Bourgeoisie bezeichnet, unterscheidet. Letzten Endes soll auch hier wieder darauf eingegangen werden, ob und wieweit in diesem Roman das konventionelle Bild der Frau durchbrochen wird und man zu neuen Vorstellungen vom weiblichen Glück kommt.

In seiner soziologischen Untersuchung der Bourgeoisie, The Theory of the Leisure Class von 1899, stellt Thorstein Veblen es als das vornehmlichste Charakteristikum des Bourgeois fest, dass dieser sich nicht allein mit der Anhäufung von Reichtum zufrieden gibt, sondern es ihm in erster Linie darum geht, jeden um seine Arriviertheit wissen zu lassen. Dies erreicht der Bourgeois durch demonstrativen Konsum ("conspicuous consumption") seines Geldes.

> "The most obvious form in which this consumption occurs is seen in the wearing of liveries and the occupation of spacious servants' quarters. Another, scarcely less obtrusive or less effective form of vicarious consumption, and a much more widely prevalent one, is the consumption of

food, clothing, dwelling, and furniture by the lady and the rest of the domestic establishment."[5]

Der Treibelsche Haushalt liefert die besten Beispiele für diesen demonstrativen Konsum, dessen sich die Bourgeoisie befleissigt. Alles ist auf Repräsentation gestellt: Die modische Villa, mit der Treibel sein altes Wohnhaus ersetzt hat, da dieses nicht mehr "zeit- und standesgemäss" genug war für einen durch die steigende Konjunktur der siebziger Jahre immer reicher werdenden Fabrikbesitzer (S. 279)[6], die reiche Einrichtung des Hauses und selbst die Reliefs, die den Speisesaal schmücken und die nicht etwa den Kunstsinn der Treibels widerspiegeln, sondern den ihnen zur Verfügung stehenden "Etat": "Seitens der Kommerzienrätin war, als es sich um diese Ausschmückung handelte, Reinhold Begas in Vorschlag gebracht, aber von Treibel, als seinen Etat überschreitend, abgelehnt worden. 'Das ist für die Zeit, wo wir Generalkonsuls sein werden ...' " (S. 288).

Auch die Gäste und Freunde, die sich bei den Treibelschen Gesellschaften einfinden, sind sorgfältig allein nach dem Gesichtspunkte ausgewählt, wieviel sie zu dem Prestige des Hauses Treibel beitragen können. Das Prestige, das die zwei adligen Hofdamen einem Treibelschen Diner verleihen können, ist offensichtlich. Zugleich aber hat Treibel sie in seine Gästeliste eingeschlossen, weil er glaubt, dass sie ihm bei seinen politischen Aspirationen von Nutzen sein könnten. Denn Treibel will in die Politik eintreten. Nicht etwa aus einem Verantwortungsgefühl für die Gemeinschaft, sondern allein um sein persönliches Ansehen zu vergrössern und letzten Endes sich sogar über seine eigene Klasse hinauszuheben. Um dieser Berechnungen willen ist Treibel denn auch bereit, den seiner Lebensstellung gemässen politischen Grundsätzen abzuschwören, und er gesteht dies auch ganz unverhohlen seiner adligen Freundin ein:

"Sie wissen, unsereins rechnet und rechnet und kommt aus der Regula-detri gar nicht mehr heraus, aus dem alten Ansatze: 'wenn das und das soviel bringt, wieviel bringt das und das'. Und sehen Sie, Freundin und Gönnerin, nach demselben Ansatz hab ich mir auch den Fortschritt und den Konservatismus berechnet und bin dahintergekommen, dass mir der Konservatismus, ich will nicht sagen mehr abwirft, das wäre vielleicht falsch, aber besser zu mir passt, mir besser kleidet. Besonders seitdem ich Kommerzienrat bin, ein Titel von fragmentarischem Charakter, der doch natürlich seiner Vervollständigung entgegensieht." (S. 295)

Diese Haltung ist typisch für den bourgeoisen Parvenu, den Treibel hier repräsentiert. So beschreibt Ernest K. Bramsted diesen Typus in seiner Studie der deutschen Mittelklasse: "It is indicative of the parvenu that he disdains the average class-attitude of his stratum or occupational group in order to receive that of a higher one: he attempts by calculation to become familiar with the modes of thought and feeling of the higher stratum"[7].

Selbst die Hausfreunde der Treibels sind weniger nach deren persönlichen Eigenschaften als ebenfalls nach Prestigerücksichten gewählt. So heisst es von dem Freund der Treibels, dem Opernsänger Adolar Krola: "Krola war seit fünfzehn Jahren Hausfreund, worauf ihm dreierlei einen gleichmässigen Anspruch gab: sein gutes Äussere, seine gute Stimme und sein gutes Vermögen" (S. 288-289). Auch Corinna Schmidt, die Tochter von Jennys Jugendfreund Wilibald Schmidt, wird ganz offensichtlich nicht nur aus aufrichtiger Zuneigung von Jenny eingeladen, sondern weil die gebildeten und geistreichen Gespräche Corinnas zum Erfolg der Treibel-schen Gesellschaften beitragen können.

In ihrer Ehe scheint Jenny durchaus eine gleichberechtigte, wenn nicht do-minierende Stellung einzunehmen. In Spitzen und Brokat gekleidet und mit Brillan-ten behangen, steht Jenny in ihrer Stellung an der Diner-Tafel der ihres Mannes keineswegs nach, obwohl sie dazu eines unterschobenen Luftkissens bedarf. Mit die-sem Gegenstand bringt der Erzähler seine ironische Kritik an, indem er darauf hin-weist, dass sie ihre Stellung zum Teil nur aufgeblasener Luft verdankt. Die Nichtig-keit ihrer erhöhten Existenz wird damit erfasst. Ein Blick von Jenny genügt, um die Dienstboten nach ihrem Willen zu dirigieren. Doch nicht nur bei Dienstboten und bei besonderen Festlichkeiten nimmt Jenny eine dominierende Stellung im Hause Trei-bel ein, auch sonst scheint sie durchaus die Geschicke ihrer Familie nach ihrem ei-genen Willen zu dirigieren. Davon weiss vor allem Jennys jüngerer Sohn Leopold ein Lied zu singen: "' ... sie muss immer die Fäden in der Hand haben, sie muss alles bestimmen, alles anordnen, und wenn ich eine baumwollene Jacke will, so muss es eine wollene sein' " (S. 364). Auch Jennys älterer Sohn steht völlig unter ihrem Pantoffel, und seine Frau Helene muss ständig und meist mit Recht dessen Selbständigkeit beargwöhnen: "'Sprichst du das deiner Mutter nach, oder tust du von deinem Eignen noch was hinzu? ' " (S. 357). Nicht dass etwa Otto Treibel in seinem eigenen Hause viel Selbstängikeit von seiner Frau gewährt wird. Auch hier dominiert offensichtlich die Frau. Und zwar leitet Helene ihren Herrschaftsanspruch in erster Linie von ihrer gesellschaftlich überlegenen Herkunft ab:

> " ... sei mir nicht böse, Otto, aber wer sind am Ende die Treibels? ...
> Die Munks sind ursprünglich dänisch, und ein Zweig, wie du recht gut
> weisst, ist unter König Christian gegraft worden. Als Hamburgerin und
> Tochter einer Freien Stadt will ich nicht viel davon machen, aber es ist
> doch immerhin was. Und nun gar von meiner Mutter Seite! Die Thompsons
> sind eine Syndikatsfamilie. Du tust, als ob das nichts sei. Gut, es mag auf
> sich beruhen, und nur soviel möcht ich dir noch sagen dürfen, unsere
> Schiffe gingen schon nach Messina, als deine Mutter noch in dem Apfel-
> sinenladen spielte, draus dein Vater sie hervorgeholt hat. Material- und
> Kolonialwaren. Ihr nennt das hier auch Kaufmann ..., aber Kaufmann und
> Kaufmann ist ein Unterschied. " (S. 356)

Neben ihren Herkunftsansprüchen benützt Helene auch ihr fanatisches Hausfrauen-tum zur tyrannischen Unterdrückung aller Haushaltsmitglieder. So hat sich die ge-samte Familie Treibel nach Helenes Plättagen zu richten. Selbst die gesellschaft-lichen Verpflichtungen von Helenes Mann werden diesen Plättagen untergeordnet und rücksichtslos den Schwiegereltern aufgebürdet, wie es offensichtlich im Falle des Herrn Nelson nicht zum ersten Male geschah. Vor allem aber ist Helenes kleine Tochter Lizzi das Opfer dieses Ordnungs- und Sauberkeitsfanatismus. Jede kind-liche Unbekümmertheit wird hier durch die absolute Notwendigkeit von fleckenlosen Kleidern und strahlend weisser Wäsche im Keime erstickt. Selbst die harmlose Spielerei in der Puppenküche wird durch Helenes strenges Hausfrauentum in eine Pedanterieübung umgewandelt (S. 354).

Die dominierende Stellung, die Frauen wie Jenny und Helene in ihren Häusern einnehmen, kann aber nicht darüber hinwegtäuschen, dass sie nicht in wirklicher Dominanz wurzelt, sondern nur auf ihre Funktion im Haushalt beschränkt ist. Soweit sich die Dominanz der Frau direkt auf das Leben des Mannes erstreckt, steht auch sie im Grunde nur im Dienste des Wohlbefinden des Mannes. So schreibt Veblen: "From archaic times down through all the length of the patriarchal regime, it has been the office of the women to prepare and administer these luxuries and it has been the perquisite of the men of gentle birth and breeding to consume them"[8]. Dass fernerhin ein Mann wie Otto sich so fügsam der Hausfrauentyrannei unterwirft und den Standesdünkel seiner Frau so ruhig hinnimmt, hat letzten Endes darin seinen Grund, dass ersteres im Dienste der "conspicuous consumption" steht und beides nicht wenig zur Prestigevermehrung des Mannes beiträgt. In diesem Sinne ist es auch zu verstehen, dass Jenny ihren Einfluss selbst bei der Partnerwahl Leopolds geltend machen kann und sie sich dabei nicht einmal von ihrem Manne behindern lässt: "'... lehnst du jedoch jedes Handeln ab, so handle ich. Selbst auf die Gefahr deiner Nichtzustimmung'" (S. 418). Dieses "selbständige Handeln" Jennys ist dabei keineswegs als Zeichen ihrer Machtstellung zu verstehen. Es steht vielmehr ganz im Interesse des Hauses Treibel, dessen Prestige Jenny durch die Verhinderung einer unstandesgemässen Ehe ihres Sohnes zu retten sucht. Treibel lässt ihr denn auch darin freie Hand, nicht etwa weil er machtlos gegen Jenny ist, sondern weil auch in ihm bourgeoiser Dünkel die Oberhand gewinnt: "Der gute Treibel, er war doch auch seinerseits das Produkt dreier, im Fabrikbetrieb immer reicher gewordenen Generationen, und aller guten Geistes- und Herzensanlagen unerachtet und trotz seiner politischen Gastspiele auf der Bühne Teupitz-Zossen - der Bourgeois steckte ihm wie seiner sentimentalen Frau tief im Geblüt" (S. 418).

Die Stellung, die Jenny und Helene in ihren Haushalten einnehmen, ist also keine wirkliche Machtstellung. Ihre Dominanz ist eine Dominanz von ihrer Männer Gnaden. Auch im Besitzbürgertum herrscht eine patriarchalische Familienordnung vor, und darüber kann auch der Komfort, über den die Frauen zu verfügen haben in Form von Dienstboten, Kutschen und reichen Toiletten, nicht hinwegtäuschen. Dazu schreibt Veblen: "... the wife, who was at the outset the drudge and chattel of the man, both in fact and in theory - the producer of goods for him to consume - has become the ceremonial consumer of goods which she produces. But she still quite unmistakably remains his chattel in theory; for the habitual rendering of vicarious leisure and consumption is the abiding mark of the unfree servant"[9].

Es wird deutlich, dass auch im Besitzbürgertum, trotz anscheinend gegenteiliger Zeichen, dieselbe patriarchalische Ordnung vorherrscht wie beim Adel. Auch im Besitzbürgertum werden Frauen nicht etwa zu Selbständigkeit und Unabhängigkeit erzogen, sondern in erster Linie für den Mann, dessen Wohlgefallen es zu erregen gilt. So ermahnt Helene ihre kleine Tochter Lizzi: "'Du kneifst wieder die Lippen so zusammen, Lizzi; das darf nicht sein. Es sieht besser aus, wenn der Mund sich halb öffnet, fast so wie zum Sprechen'". Und zu Lizzis Erzieherin fügt Helene hinzu: "'Fräulein Wulsten, ich möchte sie doch bitten, auf diese Kleinigkeit, die keine Kleinigkeit ist, mehr achten zu wollen'" (S. 355). Auch Jennys Mutter hatte einst auf die gute Erscheinung ihrer Tochter mit der selben Sorgfalt geachtet, aus Gründen, die Wilibald Schmidt, in seiner Naivität, erst nach vielen Jahren bewusst geworden sind: "... die gute Frau Bürstenbinder, die das Püppchen drüben im Apfelsinenladen immer so hübsch herauszuputzen wusste, sie hat in ihrer Weiberklugheit damals ganz richtig gerechnet. Nun ist das Püppchen Kommerzienrätin und kann sich alles gönnen ... ' " (S. 278).

Die Frau ist also in ihrer sozialen Stellung auch hier ganz eindeutig vom Manne abhängig, und auch hier wie in den anderen Ständen gilt die Ideologie von der weiblichen Schönheit. Im Gegensatz zu allen anderen bisher besprochenen Frauenfiguren machen sich Jenny und Helene diese Ideologie ganz bewusst und berechnend zu Nutze, um ihr Ziel, einen Mann und mit ihm soziale Verbesserung erreichen zu können. Die bürgerliche Mentalität, die soziales Vorankommen und Anhäufung von materiellen Gütern über alles stellt, ist bei den Frauen ebenso, wenn nicht noch stärker ausgeprägt als bei den Männern. Hinter diesen Zielen tritt alles andere zurück. Die Frage nach dem wahren Selbst wird nicht gestellt, das Problem der Selbstverleugnung zur Statuserreichung und -bewahrung ist für die Frauen der Bourgeoisie kein Problem. Selbstachtung und Selbstgefühl sind vielmehr allein von ihrer sozialen Stellung abhängig. Materieller Besitz bedeutet für die Frau der Bourgeoisie das höchste Glück, auch wenn Jenny Treibel vorgibt, dass dem nicht so sei: " 'Ach, meine liebe Corinna, glaube mir, kleine Verhältnisse, das ist das, was allein glücklich macht' " (S. 275).

Die Ehe wird in der Bourgeoisie nicht nur von den Männern, sondern auch von den Frauen von der "ernsten und geschäftlichen Seite" angesehen (S. 359). Als Basis der Verbindung wird von beiden Seiten allein die Lukrativität angesehen. Persönliche Interessen fallen mit den geschäftlichen zusammen. Das Streben nach Besitz und Status vereint die Eheleute in der bourgeoisen Ehe. Es findet eine praktische Aufgabenverteilung statt: Der Mann hat die Aufgabe, das Geld zu beschaffen, während es der Frau zufällt, dieses Geld so vorteilhaft wie möglich zur Geltung zu bringen. Beiden Anstrengungen wird dabei die gleiche Achtung erteilt, da beide von gleicher Wichtigkeit sind. Der Frau, obwohl sie in Theorie, wie Veblen es ausdrückt, die Sklavin des Mannes bleibt, wird damit im gewissen Sinne der Status einer gleichwertigen Partnerin erteilt.

Die "Geldsackgesinnung", die von beiden Ehepartnern in gleicher Weise geteilt wird, dient also dazu, die bourgeoise Ehe zu einer Interessengemeinschaft zu machen, was eine Identitätskrise der Frau weitgehend ausschliesst. Die Klagen Jennys um das verlorene Liebes- und Lebensglück an der Seite des Professors Wilibald Schmidt sind daher auch keineswegs ernst zu nehmen, denn Jenny, wenn sie sich auch einbildet, "ein gefühlvolles Herz und vor allem ein Herz 'für das Höhere' zu haben ... hat nur ein Herz für das Ponderable, für alles, was ins Gewicht fällt und Zins trägt" (S. 345-346). Dafür ist Professor Wilibald Schmidt lebendiger Beweis. Denn wenn auch Jenny mit Vorliebe das ihr einst von Schmidt gewidmete Liebeslied singt, in dem es heisst "Was soll Gold? Ich liebe Rosen / Und der Blumen schlichte Zier" (S. 312), so hat sie doch letzten Endes das Gold des Kommerzienrates Treibel den schlichten Verhältnissen des Lehrers Schmidt vorgezogen. Dabei hatte Jenny durchaus die Wahl offengestanden, die Gattin "eines in der Welt der Ideen und vor allem auch des Idealen stehenden Mannes", wie Schmidt ihn für sie darstellt, zu werden (S. 388), statt sich mit dem reichen Treibel zu verheiraten, auf dem "die Prosa ... bleischwer [lastet]" (S. 408). Doch Jenny hat die bourgeoise Geldsacksinnung, die, wie Fontane es in einem Brief an seinem Sohn Theodor ausdrückte, "von Schiller spricht und Gerson meint"[10], und diese hatte damals den Sieg über alle Ideale hinweggetragen.

Dass sich an dieser Gesinnung nicht viel geändert hat, das beweisen die energischen Massnahmen Jennys, mit denen sie eine Neigungsheirat ihres Sohnes Leopold mit der Tochter Wilibald Schmidts zu verhindern sucht. Zugleich mit Wilibald Schmidt wird damit auch dem Leser zu erkennen gegeben, dass Jenny Treibel "die, trotz Lyrik und Hochgefühle, ganz ausschliesslich auf Äusserlichkeiten gestellte Jenny Bürstenbinder von ehedem" (S. 425), also die typische Bourgeoise, geblieben ist: "'Sie liberalisieren und sentimentalisieren beständig, aber das alles ist Farce; wenn es gilt, Farbe zu bekennen, dann heisst es: 'Gold ist Trumpf' und weiter nichts" (S. 346).

So wenig Jennys Klage um verlorenes Liebesglück ernst zu nehmen ist, so wenig bedeutet auch ihre Trauer um die Welt der Bildung oder des "Höheren", wie sie es zu nennen pflegt, die sie in ihrer Ehe mit Treibel hatte aufgeben müssen. Bildung ist für Jenny nichts weiter als ein sentimentalisierter, veräusserlichter und sinnentleerter Begriff Sie ist ihr gleichbedeutend mit dem "Poetischen", worunter sie wiederum ausschliesslich Gedichte und Lieder versteht. So meint denn auch Jenny ganz ernsthaft: "' ... Gott sei Dank, ich habe mich an Gedichten herangebildet, und wenn man viele davon auswendig weiss, so weiss man doch manches'" (S. 275). Was Jennys Trauer um jenes verlorene "Höhere" in Wirklichkeit zugrunde liegt, ist dabei nicht nur der Ausschluss von der poetischen Welt, sondern vor allem, dass es ihr in der Form eines akademischen Titels, der einen "feineren Klang" hat als der Titel einer Kommerzienrätin, entgangen ist (S. 408).

Es wird also deutlich, dass es bei Jenny eine spannungslose Übereinstimmung zwischen ihrem eigenen Wollen und der gesellschaftlichen Ideologie gibt. Ausgerüstet mit der skrupellosen Bourgeoismentalität, die alles sozialem Aufstieg unterordnet, hat Jenny die gesellschaftlichen Vorstellungen vom Idealbild der Frau zu ihrem Vorteil ausgenutzt. Da Glück Jenny als typischer Bourgeoise im Grunde nur Besitz und Status bedeutet, gehört sie nicht zu den Frauen, für die Selbstverleugnung um materiellen und sozialen Status willen zu einem Problem geworden ist, wie es bei Melanie van der Straaten der Fall war.

Fontane war sich durchaus bewusst, dass die Bourgeoismentalität, die er in Jenny Treibel beschreibt, nicht nur in den Kreisen des Besitzbürgertums vorzufinden ist, sondern auch im Bildungsbürgertum weitverbreitet ist. So heisst es in seiner Autobiographie Von Zwanzig bis Dreissig: "'Denn der Bourgeois, wie ich ihn auffasse, wurzelt nicht eigentlich oder wenigstens nicht ausschliesslich im Geldsack; viele Leute, darunter Geheimräte, Professoren und Geistliche, Leute, die gar keinen Geldsack haben oder einen sehr kleinen, haben trotzdem eine Geldsackgesinnung ...'"[11]. Dass auch dem Bildungsbürgertum die Äusserlichkeitsherrschaft, der Dünkel, die Engherzigkeit und die Engstirnigkeit nicht fremd ist, dies lässt Fontane in seiner Beschreibung des Kreises der "sieben Waisen" deutlich erkennen. So steht der emeritierte Gymnasialdirektor Friedrich Distelkamp den Ausgrabungen Heinrich Schliemanns "zweifelhaft" gegenüber, weil er nicht "von den alten Anschauungen los" kommt und sich nicht vorstellen kann, "dass jemand, der Tüten geklebt und Rosinen verkauft hat, den alten Priamus ausbuddelt" (S. 329). Auch hier wird also Äusserlichkeiten, in diesem Falle akademischen Titeln, grösserer Wert zugemessen als wirklichen Verdiensten und Qualifizierungen.

Professor Wilibald Schmidt ist als einziger in diesem Kreise bereit, alle Prätensionen fallen und allein den wirklichen Verdienst gelten zu lassen. Und so weist er denn auch Distelkamp zurecht, der die sinkende Achtung vor der Autorität der Professoren, die sich unter den Schülern der Gymnasien breitgemacht hat, beklagt:

> "Ja, Distelkamp, so sind sie jetzt, das ist die neue Zeit, das ist wahr. Aber ich kann mich nicht darüber ägrieren. Wie waren denn, bei Lichte besehen, die grossen Würdenträger mit ihrem Doppelkinn und ihren Pontacnasen? Schlemmer waren es, die den Burgunder viel besser kannten als den Homer. Da wird immer von alten, einfachen Zeiten geredet; dummes Zeug! sie müssen ganz gehörig gepichelt haben, das sieht man noch an ihren Bildern in der Aula. Nu ja, Selbstbewusstsein und eine steiflei- nerne Grandezza, das alles hatten sie, das soll ihnen zugestanden sein. Aber wie sah es sonst aus?" (S. 326)

"'Mit dem blossen Glauben an sich oder gar, ... mit der geschwollenen Wichtig- tuerei, mit der Pomposität ist es heutzutage nicht mehr getan. An die Stelle dieser veralteten Macht ist die reelle Macht des wirklichen Wissens und Könnens getre- ten'" (S. 328).

Bei Schmidt ist das klassische Erbe des Humanismus nicht zu sinnentleer- tem Phrasentum herabgesunken, sondern es ist ihm lebendiges Gut, nach dem er zu leben trachtet, auch wenn es eine Umwälzung seines eigenen Lebensstiles bedeuten könnte:

> " ... wenn die höhere Weltanschauung, das heisst das, was wir so nennen, wenn das alles fallen müsste, nun, so lass es fallen ... wir stehen sehr stark vor solchem Umwandlungsprozess, oder, richtiger, wir sind schon drin. Muss ich dich daran erinnern, es gab eine Zeit, wo das Kirchliche Sache der Kirchenleute war. Ist es noch so? Nein. Hat die Welt verloren? Nein. Es ist vorbei mit den alten Formen, und auch unsere Wissenschaft- lichkeit wird davon keine Ausnahme machen." (S. 328)

Von dieser freiheitlichen Gesinnung, die sich nicht blindlings an Konventionen klammert, sondern gesunden Menschenverstand über alles stellt, hat Wilibald Schmidt sich auch in der Erziehung seiner Tochter Corinna leiten lassen. Corinna ist offensichtlich nicht auf die konventionellen Normen der Weiblich- keit hin erzogen worden. Sie weist eine gründliche Bildung auf in Wissensgebie- ten wie Englisch und Geschichte und Politik, die nicht nur in der adligen Gesell- schaft, sondern auch in der Bürgergesellschaft kaum als essentiell für die Frau angesehen werden. So schreibt Margrit Twellmann über die Einstellung der Männer zur Frauenbildung in der bürgerlichen Gesellschaft: " ... an 'Bildung' verlangten sie vor allem Herzensbildung, Gemütstiefe, frommen Sinn, Begei- sterungsfähigkeit ..."[12].

Wie alle gebildeten Frauengestalten Fontanes ist auch Corinna von einer herzerfrischenden Unbefangenheit Männern gegenüber, und ihre Klugheit und Schlagfertigkeit machen sie zu einer interessanten Gesprächspartnerin, die den Männern nicht nur ebenbürtig, sondern oft auch überlegen ist. Unbeirrt von den ihr wohlbekannten Forderungen nach weiblicher Passivität, Bescheidenheit und Zurück- haltung, fällt es Corinna nicht ein, ihr "'Licht ... unter den Scheffel" zu stellen (S. 428).

Ganz im Sinne des Humanismus, dessen Essenz der Respekt vor der Würde des Einzelnen und dem Vertrauen in dessen Vorzüglichkeit ist, ist Corinna von ihrem Vater zur Unabhängigkeit und Selbständigkeit im Denken und Handeln erzogen worden. Diese gesteht Wilibald Schmidt seiner Tochter selbst in Sachen der Liebe und Ehe zu. Er stellt alles Corinnas eigenem Entschluss anheim und ist nicht willens, seine väterliche Autorität die Entscheidung treffen zu lassen. Und so meint er denn auch zu Marcell, der sich Schmidts Beistand erbittet, um Corinna für sich gewinnen zu können: "'Ja, Marcell, nimm mir's nicht übel, aber das ist ein schlechter Liebhaber, der immer väterlichen Vorspann braucht, um von der Stelle zu kommen ... Du hast also meinen Segen; alles andere musst du dir selber besorgen'" (S. 340-341).

Wilibald Schmidt vertraut völlig auf den "feinen Ehrenpunkt" seiner Tochter und auf ihr "gesundes und ehrliches und aufrichtiges Herz" (S. 446) und lässt sich nicht zur patriarchalischen Bevormundung bewegen, auch wenn er um die Schwächen seiner Tochter wohl weiss:

> "Sie hat die genialere Natur, hat so den letzten Knips von der Sache weg, aber das gibt keineswegs das Übergewicht im Leben. Fast im Gegenteil. Die Genialen bleiben immer halbe Kinder, in Eitelkeit befangen, und verlassen sich immer auf Intuition und bon sens und Sentiment, und wie all die französischen Worte heissen mögen. Oder wir können auch auf gut deutsch sagen, sie verlassen sich auf ihre guten Einfälle. Damit ist es nun aber soso; manchmal wetterleuchtet es freilich eine halbe Stunde lang oder auch noch länger, gewiss, das kommt vor; aber mit einem Mal ist das Elektrische wie verblitzt, und nun bleibt nicht bloss der Esprit aus wie Röhrwasser, sondern auch der gesunde Menschenverstand. Ja, der erst recht. Und so ist es auch mit Corinna. Sie bedarf einer verständigen Leitung, das heisst sie bedarf eines Mannes von Bildung und Charakter." (S. 340-341)

Wenn Schmidt Corinna hier als Kind bezeichnet, dann bedeutet das nicht, dass er dies als synonym mit ihrem Frauentum verstanden haben will. Kindlichkeit scheint vielmehr von Schmidt als Teil aller genialen Naturen, und nicht nur der Frauen, aufgefasst zu werden. Und selbst wenn Schmidt hier Marcell zugesteht, dass Corinna der Leitung eines "Mannes von Bildung und Charakter" bedarf, so ist das nicht als gönnerhaft herablassende Überzeugung von der männlichen Überlegenheit zu interpretieren, sondern vielmehr als praktische Erkenntnis, dass eine geniale Natur wie die Corinnas eines nüchternen Gegengewichtes bedarf.

Auf die Ähnlichkeit der Corinna-Gestalt mit Fontanes Tochter Mete, die Fontane im vertrauten Kreise oft Corinna nannte, ist von der Fontane-Literatur bereits hingewiesen worden. Wie sehr Mete ein Vorbild für Corinna gewesen sein musste, geht aus einem Vergleich der Beschreibung Corinnas durch Wilibald Schmidt mit Fontanes Beschreibung von Mete in einem Brief an Clara Stockhausen aus dem Jahre 1878 hervor:

> " ... irgendwas Absonderliches spukt ihr in Schlaraffentagen immer in Kopf und Leber ... und so kommt man mit ihr nicht recht zu Rande. Sie ist mir eine beständige psychologische Aufgabe. Wenn es das Kriterium

genialischer Naturen ist, dass Allerklügstes und Allerdümmstes bei ihnen dicht beieinanderliegen, so ist sie ein Hauptgenie. Sie abends beim Tee perorieren zu hören, oft über die schwierigsten und sublimsten Themata, ist ein Hochgenuss; sie sagt dann Sachen, die mich absolut in Erstaunen setzen; alles Tiefblick und Weisheit; Salomo Cadet. Aber dies dauert nur so lange, wie sich's ums Allgemeine handelt, will sagen, so ihre Person ausser Spiel bleibt; von dem Augenblick an, wo diese mit hineingezogen wird, wird sie ein Kind, ein Quack, und ihre Deduktionen, die nun plötzlich aus dem Scharfen ins bloss Knifflige und Advokatische umschlagen, werden zu verdriesslich machenden Quasseleien. Es wäre schade, wenn diese reichbegabte Natur an ihren 'shortcomings', die nur zu gewiss da sind, scheiterte."[13]

Während die selbstbewusste, kluge Corinna ganz offensichtlich der Stolz ihres Vaters ist, wird ihr aber gerade wegen dieser Eigenschaften der Vorwurf der Unweiblichkeit von anderer Seite nicht erspart. So findet Helene Corinna unweiblich, weil sie sich "zuviel herausnimmt" (S. 349), und Marcell warnt Corinna, da diese sich mit ihrem sprühenden Witz zum Mittelpunkt einer Tischgesellschaft macht, zur grösseren Zurückhaltung: "'Cousine, vergiss nicht, ... dass du die Pflicht hast, einigermassen für deutsche Weiblichkeit einzutreten'" (S. 298).

Doch diese Vorwürfe der Unweiblichkeit Corinnas werden sofort dadurch entkräftet, dass ganz eindeutig Eifersucht als das eigentliche zugrunde liegende Motiv entlarvt wird. Die gesellschaftlichen Forderungen nach weiblicher Bescheidenheit und intellektueller Passivität werden fernerhin als fragwürdig entlarvt durch die Kontrastierung der lebhaften und klugen Corinna mit der langweiligen, so ganz hausfraulichen Helene, die die Verkörperung des gesellschaftlichen Idealbildes von der Frau ist; Corinna ist eindeutig die sympathischere Figur. Und auch von Mister Nelson wird jener gesellschaftsübliche Begriff von deutscher Weiblichkeit entschieden abgelehnt: "'Oh, no, no', sagte Nelson. 'Nichts Weiblichkeit; always quick and clever ... das is, was wir lieben an deutsche Frauen. Nichts Weiblichkeit. Fräulein Corinna is quite in the right way'" (S. 298-299).

Durch die sympathische und attraktive Figur der Corinna werden also von Fontane die engen Definitionen von Weiblichkeit in Frage gestellt. Zugleich wird auch durch die Figur des Mister Nelson, der als Aussenseiter besonders dazu geeignet ist, die Relativität des Weiblichkeitsbegriffes sichtbar gemacht. Aber auch der deutsche männliche Chauvinismus wird von Mister Nelson als Unsitte entlarvt, wenn er sich angesichts einer Tischrede des Leutnants Vogelsang darüber empört, dass dieser sich ausschliesslich an die Herren wendet und alle anwesenden Damen völlig in seiner Anrede unterschlägt.

Die Einstellung der bürgerlichen Männer gegenüber Frauen im allgemeinen und emanzipierten Frauen im Besonderen ist jedoch ganz deutlich viel liberaler als die der adligen Männer. Während Gordon, St. Arnaud und Innstetten sich zwar durchaus animiert fühlen von gebildeten Frauen wie der Malerin Rosa oder der Sängerin Trippelli, so finden sie diese Frauen im Grunde als "Frauen" unakzeptabel. Alle Männer in Frau Jenny Treibel jedoch finden die emanzipierte Corinna als Frau keineswegs unattraktiv. Wie Corinna es selbst erkennt, ist es gerade ihr guter Verstand und ihre unbefangene Offenheit, die "eine gewisse Wirkung auf die Männer" ausübt (S. 428). Dass eine gebildete Frau Männer aus dem Bürgertum nicht abstösst, ist dabei vor allem aus deren Selbstinteresse zu erklären. Denn eine Frau mit gutem Verstand, schnellem Witz und Selbstvertrauen kann den Männern des aufstrebenden Bürgertums nur von Nutzen sein. Aus dem selben Grund wird aber auch tüchtiges Hausfrauentum als nicht weniger wichtig und eigentlich als weibliche Haupttugend angesehen. So schreibt auch Margrit Twellmann: "In der damaligen Frauenbildung bestimmt die Nachfrage das Angebot: die Männer, auch die freisinnigsten, fragten nach tüchtigen und fügsamen Hausfrauen, hingebungsvollen Müttern, sittsamen und opferbereiten Gattinnen"[14]. Corinna betont deshalb auch emphatisch, dass sie auch in den traditionellen "weiblichen" Aufgabenbereichen nicht unerfahren ist: " 'Und zum Zeichen, dass ich, trotz ewigen Schwatzens, doch eine weibliche Natur und eine richtige Deutsche bin, soll Mister Nelson von mir hören, dass ich auch noch nebenher kochen, nähen und plätten kann und dass ich im Lette-Verein die Kunststopferei gelernt habe. Ja, Mister Nelson, so steht es mit mir. Ich bin ganz deutsch und ganz weiblich' " (S. 299).

Durch Corinna wird also die traditionelle Auffassung von Weiblichkeit nicht etwa entwertet, sondern nur in ihrer Definition erweitert. Bildung, so wird hier suggestiert, kann die Weiblichkeit einer Frau sogar noch erhöhen. Vorausgesetzt, dass sie es auch an den traditionellen weiblichen Tugenden nicht fehlen lässt. "Koche und Philosophiere", das ist der Rat, den Fontane seiner Tochter Mete gibt, und in der Figur der Corinna ist diese Maxime vorbildlich verkörpert[15].

Dass Corinnas Emanzipation weitgehend im Rahmen traditioneller Weiblichkeit verbleibt, geht fernerhin daraus hervor, dass sie die Ehe als die eigentliche Erfüllung der Existenz einer Frau und als einziges Mittel zur sozialen Verbesserung ansieht. Obwohl ihren Fähigkeiten nach Corinna durchaus dazu ausgerüstet ist, sich durch einen Beruf im Leben durchzusetzen, ist ihrem Bewusstsein das, was Ernest K. Bramsted "the gospel of labor" nennt, völlig verschlossen. Als Frau kennt sie nur "the gospel of Love"[16]. Das hängt natürlich damit zusammen, dass es in der damaligen Gesellschaft für eine Frau nur wenige berufliche Möglichkeiten gab. Fontane stellt diese Gegebenheiten in seinem Roman auch gar nicht in Frage. Der Wert der beruflichen Tätigkeit der Frau wird von Fontane dabei aber durchaus anerkannt, wie es sich aus einem Brief an seine Frau entnehmen lässt, in dem er den Entschluss Metes, Privatstunden zu geben, kommentiert:

> "Der Plan, bei Fräulein D. wegen Stunden anzufragen, hat meine volle Zustimmung. Natürlich denk' ich dabei, und zwar nicht bloss in erster Reihe, sondern ganz ausschliesslich an Mete selbst. Wir würden es schliesslich auch so aushalten und an dem Wegfall eines Selbstverdienten und für Garderobe zu verausgabenden Extras nicht zugrunde gehn, aber sie selber wird sich auf einem Schlag ganz anders fühlen. Bestimmte Beschäftigung ist an und für sich schon ein Segen; kommt nun noch ein Gefühl der Pflichterfüllung und einer dadurch gewonnenen Freiheit und Selbständigkeit hinzu, so hat man zwar nicht alles Glück, aber doch ein gut Teil davon."[17]

Trotz der in diesem Brief ausgedrückten Befürwortung weiblicher Berufstätigkeit sieht Fontane die berufliche Tätigkeit der Frau im Grunde nur als Zeitvertreib an - zumindest innerhalb der Bürgerklasse -, bis das eigentliche, wichtige Ereignis im Leben der Frau eintritt, die Ehe. So schreibt Fontane an seine Tochter, als diese im Jahre 1884 eine Stelle als Lehrerin angenommen hatte:

"Ich freue mich herzlich, dass Deine mit Energie getanen Schritte so schnell
einen guten Erfolg gehabt haben ... Ob Deine Position bei Fräulein Leyde
von Dauer ist oder nicht, ist ziemlich gleichgültig; ich sehe aber keinen
Grund, warum Sie's nicht sein sollte. Geschieht es doch, schnappt es über
kurz oder lang doch ab, so wünsch ich nur, dass ein angenehmer deutscher
Jüngling, ein Amtsrichter, ein Doktor, ein Oberlehrer, selbst ein Pastor
die Veranlassung sein möge."[18]

Obwohl Corinna weit über die Grenzen traditioneller Weiblichkeit hinausgeschritten
ist und dies auch ganz selbstbewusst und ohne Schuldgefühle anerkennt, akzeptiert
sie dennoch die Ideologie von der passiven Frau für sich selbst:

"Ich erfreue mich, dank meiner Erziehung, eines guten Teils von Freiheit,
einige werden vielleicht sagen von Emanzipation, aber trotzdem bin ich
durchaus kein emanzipiertes Frauenzimmer. Im Gegenteil, ich habe gar
keine Lust, das alte Herkommen umzustossen, alte, gute Sätze, zu denen
auch der gehört: ein Mädchen wirbt nicht, um ein Mädchen wird geworben."
(S. 317).

Ausgerüstet mit der energischen, zielstrebigen Mentalität des Bürgertums, scheut
Corinna dabei aber keineswegs davor zurück, ihren Geist und ihren Witz ganz aktiv
einzusetzen, um solche Werbung herbeizuführen:

"Ich habe mir, nach reiflicher Überlegung, ein bestimmtes Ziel gesteckt,
und wenn ich nicht mit dürren Worten sage, 'dies ist mein Ziel', so unter-
bleibt das nur, weil es einem Mädchen nicht kleidet, mit solchen Plänen
aus sich herauszutreten ... Aber freilich, das ist unser altes Evarecht,
die grossen Wasser spielen zu lassen und unsere Kräfte zu gebrauchen, bis
das geschieht, um dessentwillen wir da sind, mit anderen Worten, bis man
um uns wirbt. Alles gilt diesem Zweck. Du nennst das, je nachdem dir der
Sinn steht, Raktensteigenlassen oder Komödie, mitunter auch Intrige, und
immer Koketterie." (S. 317-318)

Im Gegensatz zu den adligen Frauen greift Corinna also ganz aktiv in den Prozess
der Partnerwahl ein, die bisher ausschliesslich zu den Vorrechten des Mannes ge-
hörte. Wenn dies auch nur durch das indirekte Mittel der Manipulation geschieht,
ein Mittel also, das Frauen in patriarchalischen Gesellschaften seit eh und je be-
nutzt haben, um ihren Willen durchzusetzen, so ist die kühle Berechnung, mit der
Corinna sich hier einen Teil der Entscheidung über ihr Schicksal aneignet, wohl
doch als ein Schritt vorwärts in der Emanzipation der Frau anzusehen.

Dennoch ist es nicht zu übersehen, dass wir in dieser Vermengung des
Konzeptes der weiblichen Passivität mit aktiver weiblicher Zielstrebigkeit ein Paradox vor uns haben. Es ist ein Paradox, das weder dem Erzähler noch den Romanfiguren völlig bewusst zu sein scheint. So stört sich Corinna nicht daran, dass die
gesellschaftliche Forderung nach weiblicher Passivität nur noch durch Prätension
erfüllt werden kann, und auch ihr Vater findet nichts an dieser paradoxen Vermengung von Konzepten auszusetzen. So meint er denn auch zu Marcell, der ihm über
Corinnas Manipulationen berichtet: "'Nun gut, Marcell, aber das alles kann ich

so schlimm nicht finden. Warum soll sie nicht ihren Nachbar zur Rechten unterhalten, um auf ihren Nachbar zur Linken einen Eindruck zu machen? Das kommt alle Tage vor, das sind so kleine Capricen, an denen die Frauennatur reich ist' " (S. 342).

Die paradoxe Vermengung wird hier als selbstverständlich, als typischer Ausdruck der Frauennatur hingenommen. Auch vom Erzähler wird nicht darüber nachgedacht war ihr zugrunde liegen könnte und wie diese paradoxe Erscheinung etwa zu beheben sei. Es wird nicht klar erkannt, dass die Forderung nach weiblicher Passivität nicht mehr mit der Wirklichkeit der bürgerlichen Frau und besonders nicht der gebildeten Frau, wie es Corinna ist, vereinbar ist. Statt dieses Konzept als veraltet und überholt zu zeigen, wird es als verbindlich akzeptiert und nur indirekt in Frage gestellt. Allein die Offenheit, mit der Corinna vor der Kommerzienrätin Treibel die, die sich eine Beeinflussung ihres Sohnes verbietet, für ihr Recht eintritt, sich aktiv an der Wahl ihres Ehemannes zu beteiligen, grenzt an moderne Frauenbewusstheit:

> "Ja, meine gnädigste Frau, ... das alles war mein gutes Recht. Und wenn Sie nun dagegen, und wie mir's scheint ganz ernsthaft, Ihren Protest erheben wollen, erschrecken Sie da nicht vor ihrer eignen Forderung, vor der Zumutung, ich hätte mich jedes Einflusses auf Ihren Sohn enthalten sollen? Ich bin keine Schönheit, habe nur eben das Durchschnittsmass. Aber nehmen Sie ... für einen Augenblick einmal an, ich wäre wirklich so was wie eine Schönheit, eine Beauté, der Ihr Herr Sohn nicht hätte widerstehen können, würden Sie von mir verlangt haben, mir das Gesicht mit Ätzlauge zu zerstören, bloss damit Ihr Sohn, mein Verlobter, nicht in eine durch mich gestellte Schönheitsfalle fiele? ... Sie würden das nicht von mir verlangt haben, so wenigstens nehme ich vorläufig an, ... und doch verlangen Sie von mir, dass ich mich dessen begebe, was die Natur mir gegeben hat. Ich habe meinen guten Verstand und bin offen und frei und übe damit eine gewisse Wirkung auf die Männer aus, mitunter auch gerade auf solche, denen das fehlt, was ich habe - soll ich mich dessen entkleiden? soll ich mein Pfund vergraben? soll ich das bisschen Licht, das mir geworden, unter den Scheffel stellen? Verlangen Sie, dass ich bei Begegnungen mit Ihrem Sohne wie eine Nonne dasitze, bloss damit das Haus Treibel vor einer Verlobung mit mir bewahrt bleibe? Erlauben Sie mir, gnädigste Frau ... Ihnen zu sagen, dass ich das nicht bloss hochmütig und höchst verwerflich, dass ich es vor allem auch ridikül finde. " (S. 427-428)

Corinnas Tirade ist hier sowohl gegen den Bourgeoisdünkel Jenny Treibels gerichtet als auch gegen die Gesellschaft, die Selbstverleugnung von der Frau verlangt, nur um ihrer Ideologie von der Bescheidenheit und Passivität der Frau Genüge zu tun.

Fontane steht hier mit seiner Corinna-Gestalt nahe vor der Überschreitung der Konventionsgrenzen, die Frauen gesetzt sind. Wenn diese Grenzen zwar hier noch bestehen gelassen werden, so wird doch bereits über sie hinausgewiesen, denn wie Bloch es ausdrückt: "Bereits jede Schranke, wenn sie als solche gefühlt wird, ist zugleich überschritten. Denn schon das Anstossen an ihr setzt eine über sie hinausgehende Bewegung voraus und enthält sie keimhaft"[19].

Die Sympathien der Erzählung liegen eindeutig bei Corinna. Ihre Emanzipation, selbst hinsichtlich ihrer sexuellen Rechte, wird als positiv dargestellt. Woran jedoch Kritik geübt wird, ist, dass sie alle ihre vorzüglichen Eigenschaften in den Dienst eines falschen Zieles, nämlich der Einheirat in die Plutokratie, stellt. Corinna ist sich wohl bewusst, dass ihr "Hang nach Wohlleben" nur einer Tendenz folgt, " '[die] jetzt alle Welt beherrscht' " (S. 319), und dass die Befriedigung dieses Hanges wenig zur Bereicherung ihres eigentlichen Selbst beitragen würde. So gesteht sie auch Marcell: " 'Aber soviel will ich dir ohne weiteres zugeben, das, wozu der liebe Gott mich so recht eigentlich schuf, das hat nichts zu tun mit einem Treibelschen Fabrikgeschäft oder mit einem Holzhof und vielleicht am wenigsten mit einer Hamburger Schwägerin' " (S. 319). Dennoch ist Corinna bereit, ihr "eigentliches Lebensglück" (S. 318) wegzuwerfen und statt Marcell, der "wie geschaffen" für sie ist (S. 341), den dümmlich-schwächlichen Leopold Treibel zu heiraten, "bloss um in einer Villa zu wohnen und einen Landauer zu haben" (S. 318-319).

Corinna weiss um die Macht des materiellen Besitzes und sieht ihn als Grundlage eines Lebens voll Freiheit und Unabhängigkeit an: " ' "Sich einschränken", ach, ich kenne das Lied, das immer gesungen und immer gepredigt wird ... und Leopold Treibel erscheint mir dann mit einem Mal als der Rettungsanker meines Lebens oder, wenn du willst, wie das aufzusetzende grosse Marssegel, das bestimmt ist, mich bei gutem Wind an ferne, glückliche Küsten zu führen' " (S. 319-320). Die Ehe mit Leopold wird von Corinna nicht als ein Hindernis für die von ihr erträumte Unabhängigkeit angesehen: " 'Einen schwachen, guten, unbedeutenden Menschen zur Seite zu haben kann sogar angenehm sein, kann einen Vorzug bedeuten' " (S. 452). Da Corinna im Grunde eine nüchterne Person ist und zu Leidenschaft kaum fähig ist (S. 341), scheut sie nicht vor dem Gedanken zurück, die Ehe mit Leopold wie ein Geschäft einzugehen. Beeinflusst von den materialistischen Tendenzen der Zeit, die im Bürgertum viel stärker ausgeprägt sind als beim Adel, der sein Prestige aus seiner Tradition herleitet, glaubt Corinna denn auch nicht, dass sie "sehr unglücklich" geworden wäre mit Leopold: " 'Denn ich gehe davon aus, der Mensch in einem guten Bett und in guter Pflege kann eigentlich viel ertragen' " (S. 452).

Mit Jenny Treibel als Schwiegermutter bekommt aber das von Corinna angestrebte Ziel eine ganz andere und von ihr erst spät erkannte Dimension. Die Zurückweisung, die Corinna von Jenny Treibel erfährt, nur weil sie " 'arm oder wenigstens nicht dazu angetan [ist], das Treibelsche Vermögen zu verdoppeln' " (S. 435), öffnet Corinna nicht nur die Augen für die beengende Mentalität des Besitzbürgertums, das im Geld allein Ziel und Zweck des Lebens sieht. Sie erkennt nun auch, wie unvereinbar solche Gesinnung mit den Idealen des Humanismus ist, in denen sie erzogen worden ist, und wie sehr sie ihre eigene Natur hätte verleugnen müssen, um ihren Traum vom Reichtum zu verwirklichen: " ' ... diese Mama, diese furchtbare Frau! Gewiss, Besitz und Geld haben einen Zauber, wär es nicht so, so wäre mir meine Verirrung erspart geblieben; aber wenn Geld alles ist und Herz und Sinn verengt und zum Überfluss Hand in Hand geht mit Sentimentalität und Tränen - dann empört sich's hier, und das hinzunehmen wäre mir hart angekommen' " (S. 452).

Wie Wilibald Schmidt erkennt, ist " 'Corinnas Stolz ... endlich wachgerufen ... Was vordem halb Berechnung, halb Übermut war, das sieht sie jetzt in einem andern Licht und ist ihr Gesinnungssache geworden' " (S. 446). Das Spiel mit Gefühlen, die kommerzielle Verrohung des Innenlebens in Sachen der Liebe und Ehe, wie sie im übrigen in allen Ständen vorkommt, wird hier als menschenunwürdig zurückgewiesen. Die traditionelle Auffassung, dass eine Frau wahre Erfüllung und wirkliches Glück nur in der Ehe finden kann, wird hier von niemand in Frage gestellt. Ehe um jeden Preis aber, eine Ehe, die auf kalter Berechnung, auf Selbstverleugnung und Missachtung der Gefühle des anderen basiert, wird hier emphatisch zurückgewiesen. Die Ehe jedoch, die auf der Verträglichkeit der Charaktere beruht, die die Integrität und die Würde des Partners bewahrt und auf Vernunft gegründet ist, wird hier gutgeheissen, wenn auch die Leidenschaft der Liebe fehlt, denn, so erkennt der "Waise" Wilibald Schmidt, " 'die rechte Vernunft [kommt] aus dem Herzen' " (S. 449), und damit rechtfertigt auch die Vernunftehe Corinnas den Untertitel des Romans "Wo sich Herz zum Herzen findt".

Im Gegensatz zum Adel und zum Besitzbürgertum wird im Bildungsbürgertum, das hier Wilibald Schmidt in seiner idealen Form vertritt, die Selbsterfüllung des Menschen als wichtiger angesehen als die Einhaltung von Tradition oder das Streben nach materiellen Gütern. Die Maxime "Werde, der du bist" (S. 449) wird dabei auch für die Frau als gültig anerkannt. Damit werden auch die Definitionen von Weiblichkeit erweitert und es als durchaus vereinbar mit dem Konzept der Weiblichkeit angesehen, dass eine Frau nicht nur ihr physisches Potential als Frau und Mutter, sondern auch ihr geistiges Potential erfüllt.

Frau Jenny Treibel ist Fontanes einziger Roman, in dem keine tragischen Frauengestalten vorkommen. Die tragische Erfahrung der Weiblichkeit, die wir bisher bei jeder Frauenfigur vorgefunden haben, ist bei Jenny Treibel nicht vorhanden, da ihre starke Identifikation mit der materialistischen Ideologie ihrer Klasse jede intellektuelle Bewusstheit von vornherein ausschliesst. Während es bei Jenny Treibel überhaupt kein tragisches Potential gibt, ist dieses durchaus bei Corinna Schmidt vorhanden. Es kommt aber bei ihr nicht zum Austragen, da die Selbstverwirklichung der Frau, die Corinna erstrebt, mit den Idealen des Bildungsbürgertums vereinbar ist und das erstrebte materielle Glück von Corinna als letzten Endes unvereinbar mit ihrem Wunsche nach Selbstverwirklichung erkannt wird.

Vor allem durch die Corinna-Handlung weist Fontane in diesem Roman seinem Leserpublikum den Weg zur Vermeidung von Tragik und zur Verwirklichung weiblichen und allgemeinmenschlichen Glücks: es ist das Leben in den Idealen des Humanismus.

Anmerkungen

1) Theodor Fontane, Briefe an seine Familie (Berlin: S. Fischer Verlag, 1924), II, 90-91, Brief vom 18.4.1884.

2) Fontane, Briefe an seine Familie, II, 43, Brief vom 23.6.1883.

3) Theodor Fontane, Von Zwanzig bis Dreissig, zitiert nach Romane und Erzählungen, VI, 517.

4) Theodor Fontane, Brief an Paul Schlenther vom 26.4.1888, zitiert nach Romane und Erzählungen, VI, 517.

5) Thorstein Veblen, The Theory of the Leisure Class, 12th ed. (1899; rpt. New York: Mentor Books, 1953), S. 60.

6) Alle Seitenangaben im laufenden Text beziehen sich auf Fontane, Romane und Erzählungen, Bd. VI.

7) Bramsted, S. 197.

8) Veblen, S. 62.

9) Veblen, S. 62.

10) Fontane, Briefe an seine Familie, I, 174, Brief vom 9.5.1888.

11) Zitiert nach Romane und Erzählungen, VI, 516.

12) Twellmann, I, 5.

13) Theodor Fontane, Brief an Clara Stockhausen vom 10.9.1878, zitiert nach Romane und Erzählungen, VI, 512.

14) Twellmann, I, 5-6.

15) Fontane, Briefe an seine Familie, I, 303, Brief vom 29.1.1894.

16) Bramsted, S. 109.

17) Fontane, Briefe an seine Familie, I, 47, Brief vom 29.6.1883.

18) Fontane, Briefe an seine Familie, I, 111, Brief vom 13.9.1884.

19) Bloch, I, 515.

VI.

LENE UND STINE

Trotz einer etwas komplizierten Werkgeschichte, die eine genaue Datierung der Entstehung des Romans Stine schwer macht, steht es gemäss dem Stand der heutigen Font -Forschung fest, dass die beiden Erzählungen Stine und Irrungen, Wirrungen "in unmittelbarer zeitlicher Nähe und Überschneidung entstanden"[1] sind. Aber nicht nur von der Chronologie, sondern auch von der Thematik her ist es ersichtlich, dass diese beiden Erzählungen zusammenhängen. In einem Brief an Emil Dominik vom 3.1.1888 nennt Fontane selbst Stine "'das richtige Pendant zu "Irrungen, Wirrungen", stellenweise weniger gut, stellenweise besser. Es ist nicht ein so breites, weite Kreise umfassendes Staats- und Lebensbild wie "Irrungen, Wirrungen", aber an den entscheidenden Stellen energischer, wirkungsvoller'[2]. In der Tat werden in Stine bestimmte Problemstellungen viel ausführlicher behandelt und die Grundkonflikte verschärfter dargestellt als Irrungen, Wirrungen. Für die Zwecke der vorliegenden Arbeit ist es daher von Vorteil, diese beiden Erzählungen vergleichend und zusammenschauend zu untersuchen.

Mit diesen beiden Erzählungen werden wir in das Milieu der Arbeiterklasse eingeführt. Zunächst soll hier untersucht werden, wie die Lebensbedingungen dieser Klasse sich auf die Vorstellungen von Wesen und Aufgabe der Frau auswirken und wie sie das Bewusstsein dieser Frauen beeinflussen. Wie wir in den vorausgehenden Kapiteln feststellen konnten, wurde es sowohl im Bürgertum wie auch beim Adel als die Hauptaufgabe der Frau angesehen, den Bedürfnissen des Mannes zu dienen und zu seiner Erfreuung und Befriedigung beizutragen. Zu diesem Zwecke wurden die Frauen von allen anderen im Leben anfallenden Pflichten völlig isoliert.

Während im mittleren Bürgertum Frauen wie Jenny Treibel und Corinna viel aktiver an den täglichen Lebensaufgaben teilnahmen als im gehobenen Bürgertum und Adel, waren selbst hier die Frauen, soweit man es sich leisten konnte, selten ausserhalb ihres Familienkreises tätig. Es galt in erster Linie, die Rolle der Gattin und Mutter tatkräftig auszufüllen und dem Manne eine moralische Stütze in seinem Lebenskampfe zu sein. Auch in dieser Klasse wurde der Aufgabenbereich der Frau im wesentlichen auf den Bereich der Innerlichkeit beschränkt. So schrieb im Jahre 1897 der konservative Professor der Geschichte Heinrich von Treitschke über den "echten" und "wahren" Beruf der bürgerlichen Frau: "'Der eigentliche Beruf des Weibes wird zu allen Zeiten das Haus und die Ehe sein. Sie soll Kinder gebären und erziehen. Ihrer Familie soll sie den lauteren Quell ihrer fühlenden, liebevollen Seele spenden, Zucht und Sitte, Gottesfurcht und heitere Lebensfreude nähren und pflegen'"[3].

Die wirtschaftlichen Verhältnisse des vierten Standes erzwangen eine völlig andere Einstellung zu der Frage nach dem eigentlichen Aufgabenbereich der Frau. Wie es in einer Studie der Lebenssituation der Arbeiter in Deutschland ausgeführt wird, machte die materielle Situation des Arbeiters die Mitarbeit der Ehefrau notwendig, um die Existenz zu sichern. Dies wiederum hatte eindeutige Auswirkungen auf die Rollendifferenzierung in der Arbeiterehe zur Folge:

"Die traditionelle Rolle des Mannes als alleinigen Versorgers der Familie
wird untergraben. Der Frau kommt neben der Führung des Haushaltes und
der Pflege und Erziehung der Kinder noch die Pflicht der Erwerbstätigkeit
zu. Damit werden die traditionellen Geschlechtsrollen, nämlich, dass die
Frau ins Haus gehöre und der Mann imstande sein müsse, sie ohne ihre
(bezahlte) Mithilfe ernähren zu können, praktisch entwertet."[4]

Die Notwendigkeit, den Mann beim Kampf um den Lebensunterhalt zu unterstützen,
befreite also die Frau der Arbeiterklasse aus der traditionellen Beschränkung auf
den Bereich des Hauses. "Hier überwogen die Vorteile eindeutig das so strapazierte
Ideal, dass die Frau ins Haus gehöre; und selbst denjenigen, die fest von seiner
Gültigkeit überzeugt waren, wurde, wie Bebel es formulierte, 'durch die harten
Tatsachen Logik und Einsicht eingepaukt' "[5]. Das durch die ökonomische Situation
bedingte Streben der Arbeiterfrau nach selbständigen Erwerb und persönlicher Un-
abhängigkeit wurde dabei bis zu einem gewissen Grade auch von der bürgerlichen
Gesellschaft als berechtigt anerkannt. Dazu führt August Bebel in seinem Werk Die
Frau und der Sozialismus aus:

> "Der Hauptgrund für dieses Entgegenkommen liegt in dem Klasseninteresse
> der Bourgeoisie. Die Bourgeoisie braucht die volle Freigabe der männli-
> chen und weiblichen Arbeitskräfte, um die Produktion aufs höchste ent-
> wickeln zu können. In dem Masse, wie Maschinerie und Technik sich ver-
> vollkommnen, der Arbeitsprozess in immer mehr Einzelverrichtungen
> sich teilt, und geringere technische Ausbildung und Kraft erfordert, ande-
> rerseits die Konkurrenz der Industriellen untereinander und der Konkur-
> renzkampf ganzer Produktionsgebiete - Land gegen Land, Erdteil gegen
> Erdteil - sich steigert, wird die Arbeitskraft der Frau immer mehr ge-
> sucht."[6]

Angesichts der wirtschaftlichen Notlage der Arbeiterklasse wurden also die traditionellen Vorstellungen von Wesen und Aufgabe der Frau erheblich modifiziert. Es
galt nicht mehr die Innerlichkeit und das sogenannte zarte Wesen der Frau zu bewahren, noch wurde es als wichtig angesehen, dass Frauen durch ihre physische
Schönheit die sublimierte Sexualität der Männer ansprachen. Vielmehr wurde in
dieser Klasse vor allem der Fähigkeit der Frau, dem Manne ökonomische Stütze
zu sein, Bedeutung beigemessen.

Welche geringe Rolle die äussere Erscheinung der Frau beim Arbeiter-
stande spielt, wird in Irrungen, Wirrungen dadurch ersichtlich, dass die Heirat
des Gärtners Dörr, bei der "die Vorstellung von einer besondren Schönheit seiner
Frau ... den Ausschlag ... gegeben ... hatte"[7] (S. 12), als etwas Aussergewöhn-
liches zu erkennen gegeben wird. Der Gärtner Dörr nämlich ist, so lässt der Erzähler es den Leser wissen, "ein Original, von ganz selbständigen Anschauungen
und einer entschiedenen Gleichgültigkeit gegen das, was über ihn gesagt wurde"
(S. 12). Daher hatte auch Frau Dörrs früheres Verhältnis mit einem Grafen "statt
ihr schädlich zu sein, gerad umgekehrt den Ausschlag zum Guten hin gegeben" und
wurde von Dörr als "Vollbeweis ihrer Unwiderstehlichkeit" angesehen (S. 12).

Das sittliche Verhalten der Frau wird dabei auch im vierten Stand nicht
leicht genommen. Die existentielle Not, in der der Arbeiterstand sich befindet,

lässt jedoch die konventionelle Moral zu einem Luxus werden, den man sich nicht immer leisten kann. Damit wird auch die Forderung nach weiblicher Tugendhaftigkeit erheblich modifiziert. So meint denn selbst der biedere Gideon Franke in seiner Unterredung mit Botho: "'Ja, der Mensch soll die Gebote halten, alle soll er sie halten, aber es ist doch ein Unterschied, je nachdem die Gebote sind, und wer das eine nicht hält, der kann immer noch was taugen ... '" (S. 138-139). Und auch Stine erklärt in diesem Sinne dem jungen Grafen Haldern das Verhältnis ihrer Schwester: "'Denn die, die Not leiden, wollen vor allem aus ihrer Not und ihrem Elend heraus und sinnen und simulieren bloss, wie das zu machen sei. Brav sein und sich rechtschaffen halten, das ist alles sehr gut und schön, aber doch eigentlich nur was Feines für die Vornehmen und Reichen ... '" (S. 211).

Die menschlichen Qualitäten einer Frau, deren "Zuverlässigkeit" und "Ehrlichkeit" wiegen in diesen Kreisen schwerer als die abstrakten Ideale von weiblicher Tugenhaftigkeit, und daher meint denn auch Gideon Franke, der über Lenes Vorleben wohl informiert ist: "'Aber was gewesen ist, das ist gewesen, das gehört vor Gott' " (S. 139).

Während die existentielle Not in den Arbeiterkreisen die sexuelle Moral der Frau als etwas "Wünschenswertes", nicht aber als "etwas Notwendiges" (S. 213) erscheinen lässt und einfache Menschlichkeit statt gesellschaftlicher Konventionen den Ausschlag gibt in der Beurteilung der Frauen, so tragen vor allem auch die wirtschaftliche Erwägungen der Männer zu dieser toleranten Haltung bei. In beiden Erzählungen wird es deutlich, dass häufig die finanziellen Vorteile, die den Frauen aus vorehelichen Verhältnissen erwachsen, für die Männer den moralischen Makel aufwiegen. So führte die "hübsche Geldsumme", die Pauline Pittelkow als Entschädigung für eine Verführungsgeschichte erhielt, dazu, dass sie eine "gute Partie" wurde und sie sich, "wie meist in solchen Fällen, mit einem kreuzbraven Mann" verheiraten konnte (S. 212). Und selbst die Prostituierte Isabeau aus Irrungen, Wirrungen kennt bereits einen "Witmann", der willens ist, sie zu heiraten, sobald sie ihr Gewerbe aufgibt und sich mit dem verdienten Gelde eine "Dest'lation" kauft (S. 88). Unübersehbar ist hier die implizierte Kritik an der doppelten Moral der Männer, die einerseits jeden "Fehltritt" der Frau aufs strengste verurteilen und von ihrer Keuschheit ihr gesellschaftliches Ansehen und die Eheschliessung abhängig machen, andererseits aber die Prostitution der Frau durchaus tolerieren, solange sie selbst materiellen oder anderweitigen Nutzen daraus ziehen können.

Die Frauen des vierten Standes werden also nicht nach denselben esoterischen Konzepten beurteilt wie in den anderen Ständen. Worauf es wirklich ankommt, das wird am treffendsten von Frau Dörr in ihrer Beurteilung von Lene ausgedrückt: "'Jott, ein Engel is sie woll grade auch nich, aber propper und fleissig un kann alles und is für Ordnung un fürs Reelle' " (S. 10).

Der Umstand, dass die Frauen in ihrem Wirkungskreis nicht nur aufs Haus beschränkt sind, sondern durch Arbeit ausser Haus zum Lebensunterhalt ebensoviel beitragen wie die Männer, wirkt sich in einer viel grösseren Gleichstellung der Frau des Arbeiterstandes mit dem Manne aus, als wir es selbst im Roman Frau Jenny Treibel beobachten konnten. So ist Frau Dörr in der Gärtnerei ihres Mannes nicht nur seine Gehilfin, sondern sie greift auch ganz aktiv in die "Geschäftsführung" ein: "'Sie sieht ihm scharf auf die Finger und leidet es nicht, wenn er jemand übervorteilen will. Und das ist es, wovor er Furcht hat und was ihn nachgiebig macht' "

(S. 31). Wie stark Frau Dörrs Position in ihrer Ehe ist, geht aber vor allem daraus hervor, dass ihr Mann ihr bereits zu seinen Lebzeiten sein ganzes Vermögen überschrieben hat. Dies in einer Zeit, in der das gesetzliche eheliche Güterrecht in der Regel zum Vorteil des Mannes bestand und das Vermögen der Frau völlig der Verwaltung und Nutzniessung des Ehemannes unterstellt war[8].

Die Miteinbeziehung der Frauen des vierten Standes in den Lebenskampf hat auch zur Folge, dass deren Selbstgefühl stark ausgeprägt ist. Das Wissen, jederzeit selbst für sich sorgen zu können, gibt diesen Frauen ein Gefühl der Unabhängigkeit, das wir bei keiner der Frauen der anderen Stände in solchem Umfange feststellen konnten. So heisst es von Lene: " 'Sie hat einen doppelten Stolz, und neben dem, von ihrer Hände Arbeit leben zu wollen, hat sie noch den andern, alles gradheraus zu sagen und keine Flausen zu machen und nichts zu vergrössern und nichts zu verkleinern' " (S. 138). Auch die Witwe Pittelkow, obwohl sie lebensklug genug ist, sich ihrer Abhängigkeit von dem alten Grafen bewusst zu sein, "erkauft ... sich [nirgends] seine Gutwilligkeit durch Unterwürfigkeit. Niemals heuchelt sie Zuneigung oder Anhänglichkeit oder gibt durch Demutsbezeugungen ihren Stolz preis"[9]. Eine Käthchen-von-Heilbronn-Demut, die wir bei Effi in ihrem Verhältnis zu Innstetten beobachten konnten, ist bei der Pittelkow nicht vorzufinden. Bei ihr heisst der Graf nicht "hoher Herr", sondern "Alter Ekel" (S. 176) und "der Olle" (S. 177). Die materielle Überlegenheit des Mannes, die Cécile und selbst Melanie Rohheiten und Beleidigungen stillschweigend übersehen liess, bringt die Witwe Pittelkow nicht dazu, irgendeine Verletzung ihrer Menschenwürde in Kauf zu nehmen. Wenn der alte Graf "einen Bestimmtheitston" (S. 192) anschlägt, der einen Herr-im-Haus-Standpunkt andeutet, wird dieser Ton ungewöhnlich genannt (S. 192), und Fontane lässt keinen Zweifel daran, dass die verschnupfte Witwe bei passender Gelegenheit zum Gegenschlag ausholen wird[10]. Und ebenso ist die Witwe Pittelkow ohne weiteres Zögern bereit, den alten Grafen "zum Deibel" zu jagen (S. 268), als sie für einen Augenblick glaubt, dass Stines schlimmer Zustand, in dem sie vom Begräbnis Waldemars heimkommt, seine Ursache in der verächtlichen Behandlung durch den Grafen haben könne[11].

Wie ausgeprägt das Selbstgefühl der Pittelkow als Mensch und als Frau ist, wird besonders im "Untätchen"-Gespräch deutlich. Hier weist nämlich Pauline Pittelkow nicht nur den Adelsstolz des Grafen in die Schranken, sondern auch seinen männlichen Überlegenheitsdünkel: " ... wenn [der Graf] noch immer glaubt, die Pittelkow 'aus dem Kehricht aufgelesen zu haben' [S. 244], so wird ihm hier bescheinigt, dass die Witwe selber keineswegs meint, um seinethalben Gott für eine Guttat und Gnade (S. 246) danken zu müssen"[12]. Die Idee des Um-jeden-Preis-an-den-Mann-kommen steht der Pittelkow fern, und dies macht sie auch hinsichtlich ihrer Schwester Stine klar: " 'Mein Stinechen ist kein Mädchen, das sich an einen hängt oder mit Gewalt einen rankratzt, Graf oder nich, un hat's auch nicht nötig. Die kriegt schon einen. Is gesund und propper un kein Untätchen an ihr, was nich jeder von sich sagen kann. He?' " (S. 246). Im Gegensatz zu Victoire von Carayon ist die Witwe Pittelkow überzeugt von ihrem menschlichen Wert und bedarf dafür nicht der Bestätigung durch einen Mann. Ihr starkes Selbstbewusstsein lässt sich durch nichts einschüchtern, auch nicht durch soziale Überlegenheit.

In seiner Charakterstudie der Witwe Pittelkow bescheinigt Gerhard Friedrich der Witwe eine Bewusstseinslage, die über das herkömmliche Bewusstsein der kleinen Leute zu Fontanes Zeiten entscheidend hinausgeht. Zugleich behauptet er auch, dass solche Töne, wie die Pittelkow sie anschlägt, weder in Lenes noch Stines Munde denkbar wären,

> "... denn sie können nur von jemandem gesprochen werden, der die Heuchelei der Zeitgenossen und die Verlogenheit der öffentlichen Meinung hinter sich gelassen hat, der nicht zurückschreckt vor ehrwürdigen Institutionen, die ihr Ansehen lediglich aus der Tradition beziehen, sondern der den Mut zur selbständigen, unabhängigen Einstufung des eigenen Werts und das der andern besitzt."[13]

Gegen diese Behauptungen muss eingewendet werden, dass die zugestanden geringere Agressivität von Lene und Stine keineswegs auch eine weniger hohe Bewusstseinslage bedeutet. Wenn Stine die Lebensführung ihrer Schwester Waldemar erklärt, da spricht aus der Weise, wie sie deren Verhältnis erfasst, eine Bewusstheit, die auf keinen Fall hinter der Bewusstheit ihrer Schwester zurücksteht. Sie zeigt sich ebenso unerschrocken vor der öffentlichen Meinung wie jene. Ebenso ist Lene unbeeindruckt von ehrwürdigen Institutionen und Traditionen und bekennt "rundheraus", dass sie "'die feinen Herren nicht leiden kann'" in ihrer "Hochmut" und "Haberei" (S. 114). Sie ist, wie es auch Botho ganz klar erkennt, "'eine kleine Demokratin'", die sich "'jedes freundliche Wort nur so von der Seele [abringt]'" (S. 34). Bereits Paul Schlenther erkannte, dass Lenes feine Bescheidenheit ihrem "demokratischen Selbstgefühl" keinen Abbruch tut, sondern dass es sich "gebietend aufrichten würde, wenn man unwürdige Ansprüche an ihre Unterwürfigkeit stellte"[14]. Im gewissen Sinne kann man Lene und Stine sogar ein grösseres Selbstgefühl zusprechen als der Witwe Pittelkow, da beide trotz wirtschaftlicher Not nicht dazu bereit sind, sich wie diese an einen Mann zu verkaufen. Das Versprechen, das Stine am Sterbebett ihrer Mutter abgeben musste, sich nicht in Verhältnisse mit Männern einzulassen und sich ein Leben auf der Gunst von Liebhabern aufzubauen, steht dabei in direktem Kontrast zu der Erziehung, die Cécile von ihrer Mutter bekommen hatte.

Die hohe Bewusstheit der Pittelkow ist letzten Endes nicht so aussergewöhnlich, wie Gerhard Friedrich es zu beweisen versucht. Auch bei den anderen Figurren der beiden Erzählungen finden wir dieselbe scharfsichtige Erkenntnis unfundierter Dünkelhaftigkeit und dieselbe Zurückweisung von Geltungsansprüchen, die sich allein aus Konvention und Tradition herleiten, auch wenn diese viel indirekter und oft nur metaphorisch zum Ausdruck gebracht werden. So zum Beispiel, wenn der Gärtner Dörr von seinem silbergefiederten Lieblingshahn sagt: "'Jott, so'n Hahn. Denkt nu auch wunder was er is. Un seine Courage is doch auch man soso'" (S. 14). Oder wenn die Frau Dörr beim Spargelsortieren vom Bruchspargel sagt: "'Un is so gut wie das andre. Denn dass es immer die Köppe sein müssen, is ja dummes Zeug. Ebenso wie mit'n Blumenkohl; immer Blume, Blume, die reine Einbildung. Der Strunk is eigentlich das Beste, da sitzt die Kraft drin. Und die Kraft is immer die Hauptsache'" (S. 17). Die Unbestechlichkeit des Urteils, die diese sogenannten kleinen Leute in solchen alltäglichen Situationen zeigen, verlässt sie auch dann nicht, wenn es gilt, sozial höhergestellte Personen zu beurteilen. So ist Frau Dörr, obwohl ihr Bothos Adelsvornehmheit ganz offensichtlich imponiert, doch noch mehr von seiner menschlichen Vornehmheit beeindruckt, die sie bei ihrem eigenen "Grafen" so sehr vermisst hatte. Dass sie vor dem Titel ihres Grafen keinen Respekt hat und ihn keineswegs für besser als sich selbst einschätzt, ist offensichtlich:

"Aber wenn ich auch sozusagen fester war un mehr im Gewicht fiel un so was hatte, ... so war ich doch immer man ganz einfach un beinah simpel, un was nu er war, mein Graf, mit seine fuffzig auf 'm Puckel, na, der war auch man ganz simpel und bloss immer kreuzfidel un unanständig. Und da reichen ja keine hundert Mal, dass ich ihm gesagt habe: 'Ne, ne, Graf, das geht nicht, so was verbitt ich mir ...' Und immer die Alten sind so. Und ich sage bloss, liebe Frau Nimptsch, Sie können sich so was gar nich denken. Grässlich war es." (S. 9-10)

Dasselbe Selbstgefühl, das eine Frau Dörr sich mit einem Grafen vergleichen lässt, führt auch dazu, dass die Frauen dieses Standes sich auch auf sexuellem Gebiete, die gleichen Rechte, die traditionellerweise die Privilegien der Männer sind, ange- eignet haben. So macht Lene von ihrem Recht der Partnerwahl Gebrauch, wenn sie "ohne weiteres" Bothos Angebot annimmt, sie nach Hause zu begleiten: "'Ach, liebe Frau Dörr, es mag wohl nicht recht gewesen sein, gleich so freiweg zu sprechen, aber der eine gefiel mir, und sich zieren und zimperlich tun, das hab ich nie ge- konnt'" (S. 20). Ebenso wie die Pittelkow, die eine pointierte Gleichgültigkeit ge- genüber den Forderungen nach weiblicher Bescheidenheit aufweist, hat auch Lene sich "'von Jugend an daran gewöhnt, nach ihren eigenen Entschlüssen zu handeln, ohne viel Rücksicht auf die Menschen und jedenfalls ohne Furcht vor ihrem Urteil'" (S. 137). Daher zeigt Lene auch nicht die "falsche Scham" (S. 137), die in jenen Zei- ten im allgemeinen das Verhalten der Frauen im Umgang mit Männern bestimmte.

Die Einstellung der Frauen dieser Kreise zu ihrer Sexualität ist viel unbe- fangener als die der Frauen der Adelskreise. Sex wird als natürlicher und integra- ler Teil und Lustgewinn ihres Lebens angesehen. So meint denn auch die alte Frau Nimptsch zu dem Verhältnis Lenes: "'"Kind, es schadt nichts. Eh man sich's ver- sieht, is man alt"'" (S. 20). Und auch Frau Dörr ist derselben Meinung: "'Und hat auch ganz recht. Das heisst, wie man's nehmen will, und nach 'm Katechismus is doch eigentlich immer noch besser und sozusagen überhaupt das beste'" (S. 20).

Fontanes Leserschaft reagierte zunächst voller Entrüstung auf Irrungen, Wirrungen und Stine, in denen sich die sexuelle Moral der Frauenfiguren so unkon- ventionell gab und alles so freimütig und - was schlimmer war - so verständnisvoll behandelt wurde. Bei der Vossischen Zeitung, die Irrungen, Wirrungen im Vorab- druck brachte, wurde voll Empörung angefragt: "'Wird denn die grässliche Huren- geschichte nicht bald aufhören'"[15]? Fontane bekam den Ruf "kein Schriftsteller für den Familientisch mit eben eingesegneten Töchtern" zu sein[16], was ihm später grosse Schwierigkeiten bereitete, seine Erzählung Stine zur Veröffentlichung zu bringen. Dass es dabei um die Moral gerade derer, die sich am meisten empörten, nicht so einwandfrei stand, dessen war sich Fontane durchaus bewusst, und in ei- nem Brief an seinen Sohn machte er seinem Herzen darüber Luft: "Empörend ist die Haltung einiger Zeitungen, deren illegitimer Kinderbestand weit über ein Dut- zend hinausgeht (der Chefredakteur immer mit dem Löwenanteil) und die sich nun darin gefallen, mir 'gute Sitten' beizubringen. Arme Schächer"[17]!

Gerade gegen solchen "sogenannten Sittlichkeitsstandpunkt", den Fontane als "ganz dämlich, ganz antiquiert und vor allem ganz lügnerisch" erkannt hatte[18], wollte er sich in beiden Erzählungen aussprechen und sein Leserpublikum zu einer aufrichtigeren Einstellung bringen. So schreibt Fontane an seinen Sohn Theodor:

"Auch darin hast Du recht, dass nicht alle Welt, wenigstens nicht nach aussen hin, ebenso nachsichtig über Lene denken wird wie ich, aber so gern ich dies zugebe, so gewiss ist es mir auch, dass in diesem offnen Bekennen einer bestimmten Stellung zu diesen Fragen ein Stückchen Wert und ein Stückchen Bedeutung des Buches liegt. Wir stecken ja bis über die Ohren in allerhand konventioneller Lüge und sollten uns schämen über die Heuchelei, die wir treiben, über das falsche Spiel, das wir spielen. Gibt es denn, ausser ein paar Nachmittagspredigern, in deren Seelen ich auch nicht hineingucken mag, gibt es denn ausser ein paar solchen fragwürdigen Ausnahmen noch irgendeinen gebildeten und herzensanständigen Menschen, der sich über eine Schneidermamsell mit einem freien Liebesverhältnis wirklich moralisch entrüstet? Ich kenne keinen und setze hinzu, Gott sei Dank, dass ich keinen kenne. Jedenfalls würde ich ihm aus dem Wege gehn und mich vor ihm als vor einem gefährlichen Menschen hüten."[19]

Der liberale Standpunkt zur Frage der freien Liebe erweist sich in beiden Erzählungen als der gleiche. So meint Stine: "'Mit dem "sich gut halten", solange man frei ist, kann man's am Ende halten, wie man will; aber mit dem Kontrakte muss man's halten, wie man soll. Was ich übernehme, das gilt, und ehrlich sein ist die Hauptsache geworden'" (S. 211). In diesem Sinne drückt sich auch Frau Dörr aus: "'Aber ich weiss woll, es geht nich immer, und mancher will auch nich. Und wenn einer nich will, na, denn will er nich, un denn muss es auch so gehn und geht auch mehrstens, man bloss, dass man ehrlich is un anständig und Wort hält. Un natürlich, was denn kommt, das muss man aushalten un darf sich nich wundern'" (S. 20-21). Dieselben Überzeugungen, die Fontane seine Romanfiguren aussprechen lässt, drückt er auch in seinen Privatbriefen aus:

"Du sollst nicht ehebrechen", das ist nun bald vier Jahrtausende alt und wird auch wohl noch älter werden und in Kraft und Ansehn bleiben. Es ist ein Pakt, den ich schliesse und den ich schon um deshalb, aber auch noch aus andern Gründen, ehrlich halten muss; tu' ich's nicht, so tu' ich ein Unrecht, wenn nicht ein "Abkommen" die Sache anderweitig regelt. Der freie Mensch aber, der sich nach dieser Seite hin zu nichts verpflichtet hat, kann tun, was er will und muss nur die sogenannten "natürlichen Konsequenzen", die mitunter sehr hart sind, entschlossen und tapfer auf sich nehmen. Aber diese "natürlichen Konsequenzen", welcher Art sie sein mögen, haben mit der Moralfrage gar nichts zu schaffen."[20]

Fontane bringt also in Irrungen, Wirrungen und Stine die zu jener Zeit wohl ungewöhnliche Überzeugung zum Ausdruck, dass die freie Liebesverbindung als gleichberechtigt und gleichwertig mit der Ehe anzusehen ist, solange sie in Aufrichtigkeit und Verantwortungsbewusstsein eingegangen ist. Ebensowenig wie hier die freie Liebesverbindung verurteilt wird, wird die These "Ehe ist Ordnung", die Botho in Irrungen, Wirrungen aufstellt (S. 98), vorbehaltlos als wahr und verbindlich anerkannt.

Die These "Ehe ist Ordnung" ist vielfach als die moralische Grundthese von Irrungen, Wirrungen von der Literaturkritik angesehen worden. Wie sehr diese konservative These aber mit Vorsicht zu behandeln ist, wird deutlich, wenn wir sie im Roman auf ihren Wahrheitsgehalt hin untersuchen. Immer wieder wird in der Erzählung auf die Missstimmung hingewiesen, die der Ehe von Botho und Käthe zugrunde liegt. Unverkennbar ist es "wie wenig glücklich Botho in der Ehe sich fühlt und wie sehr die Erinnerung der früheren Liebe an ihm nagt"[21]. Unverkennbar sind die Vorbehalte, die Botho gegenüber seiner dalbrigen Frau hegt (Kap. 18), und nicht zu übersehen ist die Bedeutung des fehlenden Buchstabens "l" in der Willkommen-Inschrift, mit der Botho Käthes Heimkehr von ihrer Kur begrüsst (S. 161). Alle diese "Symptome", auf die bereits Otto Pniower in seiner Rezension von Irrungen, Wirrungen hingewiesen hat[22], lassen die These "Ehe ist Ordnung" in einem ziemlich ironischen Lichte erscheinen. Selbst Botho, der ja diese These aufgestellt und sich ihr gefügt hatte, muss am Ende die Wahrheit dieser These bezweifeln: " 'Bin ich nicht selbst aus Rand und Band? Bin ich nicht selber aus Ordnung und guter Sitte? Dass es war, das möchte gehn, aber dass es noch ist, das ist das schlimme' " (S. 151-152). Es wird hier zu erkennen gegeben, dass das Sakrament der Ehe als die inhaltslose Form, zu der sie in der bestehenden Gesellschaftsordnung herabgewürdigt worden ist, weder Ordnung noch Moral verbürgen kann, sondern dass beides nur dann bestehen kann, wenn es mit dem natürlichen Moralempfinden des Menschen zusammenfällt. Fontane war überzeugt, dass diese Erkenntnis im Grunde von allen Menschen geteilt wurde und dass es nur darauf ankam, diese herauszustellen: "Im wesentlichen denkt und fühlt alle Welt so, und es wird nicht mehr lange dauern, dass diese Anschauung auch gilt und ein ehrlicheres Urteil herstellt"[23]. Statt einer resignierenden Annahme der bestehenden moralischen Verlogenheit scheint hier also ganz deutlich ein zukunftsgerichteter Optimismus vorzuherrschen.

Die sexuelle Unbefangenheit der Frauen des vierten Standes wird in diesen Erzählungen entgegen der damals vorherrschenden Ideologie als positiver Zug dargestellt, der keineswegs die "Weiblichkeit" dieser Frauen beeinträchtigt. So bestätigt denn auch Botho, dass Lenes freimütiges Benehmen nichts von "Unweiblichkeit" an sich hatte (S. 137). Selbständigkeit und Tüchtigkeit, Verantwortungsbewusstsein und Lebensernst, Eigenschaften, die dem gesellschaftlichen Idealbild von der Frau völlig entgegengesetzt waren, werden in diesen Erzählungen als durchaus vereinbar mit dem Konzept der Weiblichkeit gezeigt und damit die herrschende Ideologie in Frage gestellt. Vor allem Lene in ihrer "Einfachheit, Wahrheit und Unredensartlichkeit" (S. 112) wird zur positiven Gegenfigur Käthes, mit der "wohl ein leidlich vernünftiges, aber durchaus kein ernstes Wort zu reden war" (S. 112). Dabei ist Käthe keineswegs eine unsympathische Frauengestalt. Liebenswürdig und ständig guter Laune, wird sie in ihrer Oberflächlichkeit und Verspieltheit vielmehr als das typische Produkt jener Erziehung zu erkennen gegeben, die man in Adelskreisen den Frauen angedeihen liess.

Durch Gegenüberstellungen solcher Frauengestalten wie Lene und Käthe, der Trippelli und Effi, Rosa und Cécile, wird auf unaufdringliche Weise darauf hingewiesen, dass die Oberflächlichkeit, Kindlichkeit und Unselbständigkeit der Frauen keine dem weiblichen Geschlecht angeborenen Defekte, sondern vielmehr standes- und erziehungsbedingt sind. Diese Bewusstmachung des Zusammenhanges von weiblicher Erziehung und weiblichem Charakter und Geschick weist dabei zugleich auch auf die Möglichkeit einer Veränderung der Gegebenheiten hin und lässt erkennen, dass letzten Endes alles dem Bewusstsein und dem Willen des Menschen unterworfen ist. Jener Zusammenhang, der von Fontane in seinen Romanen illustriert wurde, fand sich in einer Buchbesprechung der Frauenrechtlerin Louise Otto deutlich artikuliert:

"Die Sucht, bemerkt zu werden" - liebloses Urteilen über andere" - "Halbwisserei" - "Nachbeterei ohne Selbstdenken" - dies wirft Ida Frick in ihrem Buche "der Frauen Sklaventum und Freiheit" mit Recht den jetzigen deutschen Mädchen und Frauen vor und nennt dies die Ursachen der weiblichen "Sklaverei". Ja, aber diese vier Übel sind nicht die Ursachen unserer Bildung und Stellung, sie sind deren traurige Folgen. Wen man zu einer Puppe ausputzt - ich kann nicht sagen, anzieht - und als solche hinausschickt auf den Markt des Lebens, sich einen Käufer zu suchen, der muss wohl streben, bemerkt zu werden, wenn eben diese Schaustellung Zweck ist -

wem man die Interessen für das Allgemeine, das Höhere, das grosse Ganze nimmt, der muss wohl für Kleinigkeiten und Kleinlichkeiten sich interessieren -

wem man es tausendfach erschwert, etwas Ganzes zu lernen, der muss wohl zur Halbwisserei flüchten -

und wen man niemals denken gelehrt, sondern es stets verwehrt, der kann endlich gar nichts anderes wagen, als - nachzubeten."[24]

Kann nun in diesem Sinne Fontanes Erzählungen eine zukunftsweisender Optimismus zugesprochen werden, so bedeutet das nicht, dass die Hindernisse, die die bestehende Gesellschaftsordnung den Frauen in diesen Erzählungen entgegenstellt, leicht genommen werden. Fontane wird häufig ein Vertreter des poetischen Realismus genannt, der unfähig zu Schilderungen sozialen Elends gewesen sei. Trotz einer gewissen Bewunderung für die "scharfe Beobachtung und das hohe Mass phrasenloser, alle Kinkerlitzchen verschmähende Kunst" der Naturalisten[25], wies Fontane es in der Tat entschieden von sich, im Stile der Naturalisten zu schreiben: " 'Der Realismus wird ganz falsch aufgefasst, wenn man von ihm annimmt, er sei mit der Hässlichkeit ein für allemal vermählt; er wird erst ganz echt sein, wenn er sich umgekehrt mit der Schönheit vermählt und das nebenherlaufende Hässliche, das nun mal zum Leben gehört, verklärt hat' "[26]. Aus dieser Poetik Fontanes spricht eine Zurückweisung eines einseitig pessimistischen Naturalismus zugunsten des Prinzips der Verklärung. Wie Hugo Aust in seiner Studie Theodor Fontane: Verklärung jedoch überzeugend belegt, bedeutet Verklärung weder Sentimentalisierung noch Ausschluss eines konsequenten Realismus. Aust weist darauf hin, dass Fontanes Literaturtheorie "die dokumentarische Treue in der Wirklichkeitsspiegelung" umfasste, dass aber "die Erwägung der äusseren und inneren Grenzen, die die Möglichkeit einer empirisch-wissenschaftlichen Wirklichkeitsabbildung im Medium der Kunst grundsätzlich ausschlossen, zeigte, dass die Dokumentation immer nur die (notwendige) Voraussetzung, nicht aber das Wesen der Kunst sein kann. Es war gerade das Postulat des Wahren, das dazu zwang, die neuentdeckte Literatur der Reportage in die verklärte Wirklichkeit zu transzendieren". Wahrheit und Verklärung seien daher in Fontanes Theorie keine konkurrierenden, geschweige denn sich ausschliessende Begriffe; vielmehr sei die Verklärung die spezifische Funktion des Wahren, und damit sei verklärte Wirklichkeit bei Fontane die sich ausdrückende und konkret erscheinende Wahrheit[27]. Das Prinzip der Verklärung führt denn auch in diesem Sinne in den beiden vorliegenden Erzählungen keineswegs dazu, dass die Lebensverhältnisse des vierten Standes idyllisiert oder gar sentimentalisiert werden. So weist Walter Müller-Seidel darauf hin, dass die Idealisierung einfachen Lebens, wie sie von Botho angesichts der märkischen Arbeiter vorgenommen wird, durchaus nicht auch als objektive Aussage des Romans aufgefasst werden darf: "Der Erzähler lässt uns im Unklaren, wie objektiv richtig das zu verstehen ist, was Botho wahrnimmt. Ob die von ihm wahrgenommene Einfachheit und Natürlichkeit von den Arbeitern in derselben Idealität aufgefasst wird, erfahren wir nicht"[28]. Fontane lässt keine leichtfertige Poetisierung zu. Wenn Botho zu Frau Nimptsch sagt: "'Aber sehen Sie sich mal um hier, wie leben Sie? Wie Gott in Frankreich'" (S. 24), so lässt Fontane die Perspektive Bothos nicht lange vorherrschen. Das Haus der Frau Nimptsch wird dem Leser als das gezeigt, was es ist, als ein "'Puppenkasten, wo jeder Kater ins Fenster kuckt un kein Gas nich un keine Wasserleitung'" (S. 115). Fontane lässt keinen Raum für märchenhafte Verklärung. Ebenso wie die Vermutung der Frau Dörr, dass das Findelkind Lene vielleicht eine Prinzessin sein könnte, entschieden zurückgewiesen wird (S. 10), so wird auch der Leser nicht lange im Unklaren darüber gelassen über das "Schloss", in dem die Familie Dörr lebt. Während es "in der Dämmerung ... bei seinen grossen Umrissen wirklich für etwas Derartiges gelten" könnte (S. 11), wird es in "unerbittlich heller Beleuchtung" als ein "jämmerlicher Holzkasten" dem Leser zu erkennen gegeben. Ebenso wird auch die "höchst primitive Herrichtung" der Dörrschen Wohnverhältnisse mit einer fast naturalistischen Krassheit beschrieben: "Sommers war diese beinah fensterlose Remise mit ihren Steinfliesen und ihrer Kühle kein übler Aufenthalt, um die Winterzeit aber hätte Dörr und Frau, samt einem aus erster Ehe stammenden zwanzigjährigen, etwas geistesschwachen Sohn, einfach erfrieren müssen, wenn nicht die beiden grossen, an der andern Seite des Hofes gelegenen Treibhäuser gewesen wären" (S. 11).

Man kann also Fontane keineswegs eine Bewusstheit des sozialen Elends dieser Klasse absprechen oder ihn einer Verschweigung der dort vorherrschenden jämmerlichen Lebensverhältnisse bezichtigen. Klassenkämpferische Töne gibt es in diesen Erzählungen zwar nicht und vor allem nicht in Stines Schilderung ihres Arbeitsplatzes, die, wie Walter Müller-Seidel meint, sich "wie eine Beschwichtigung Fontanes hinsichtlich der sozialen Frage anhört"[29]. Berücksichtigt man aber die Tatsache, dass die von Stine geschilderte Arbeitsatmosphäre zur Zeit Fontanes durchaus noch nicht die Regel war, so muss der Schilderung Stines statt einer beschwichtigenden Funktion eine vorbildhafte Funktion zugeschrieben werden. Und in diesem Sinne muss sie zumindest auch von Fontanes zeitgenössischem Publikum aufgefasst worden sein. Vor allem aber hinsichtlich des Problems der Prostitution in den Arbeiterkreisen zeigt Fontane in diesen beiden Erzählungen ein sozialkritisches Bewusstsein, das hinter dem der Naturalisten in nichts nachsteht. In beiden Erzählungen gibt Fontane die Prostitution nicht als ein moralisches Problem, sondern als ein soziales Problem zu erkennen, entstanden aus der materiellen Misere des vierten Standes. Wenn die Prostituierte Isabeau in Irrungen, Wirrungen von der kleinbürgerlichen Existenz träumt, die sie einst, wenn ihr Gewerbe ihr genug Geld dazu eingebracht haben wird, führen möchte, so wird deutlich, dass das treibende Motiv der Prostitution keineswegs moralische Minderwertigkeit sein kann. Auch die Witwe Pittelkow wird als im Grunde "arbeitsam und ordentlich und ganz ohne Passion" beschrieben. Es liegt ihr "von Natur" nichts an einem Leben, "wie sie's zu führen gezwungen ist", doch die materielle Notlage wird als zwingender als die ordentliche Natur der Pittelkow und alle Gesetze der Moral zu erkennen gegeben: "'Gewiss, arbeiten is gut, un wenn ich mir so die Ärmel aufkremple, is mir eigentlich immer am wohlsten. Aber, du weisst ja, denn is man mal krank un elend, un Olga muss in die Schule. Wo soll man's denn hernehmen?'" (S. 183). Das gegenwärtige Leben der Pittelkow wird als ein "Dienst" dargestellt, "'drin sich Gutes und Schlimmes die Waage hält; aber des Guten ist doch mehr, weil sie keine Sorge hat um das tägliche Brot'" (S. 213).

Fontane lässt die Demütigung sichtbar werden, die hinter den Frivolitäten stecken, die die Männer sich diesen Frauen gegenüber herausnehmen. Die zweideutigen Scherze des alten Grafen Haldern und der jungen Offiziere auf Hankel's Ablage, die so völlig jenseits des Bildungshorizontes dieser Frauen stehen und gegen die sie sich nicht wehren können, geben diese Frauen als bedauernswerte Opfer der Männer zu erkennen, die ihre finanzielle und gesellschaftliche Überlegenheit dazu benutzen, über sie nach ihrem Gutdünken zu verfügen. Unverkennbar richtet sich hier die Kritik nicht etwa gegen die Frauen, sondern gegen die Männer und die bestehende Gesellschaftsordnung, die solche ausbeuterischen Verhältnisse durch die Institutionalisierung von sozialen und materiellen Differenzen sanktionieren. Wie Georg Büchner in seinem Woyzeck, gibt auch Fontane jenes schreckliche "Muss" zu erkennen, dem die Menschen dieses Standes unterworfen sind und dessen erste Opfer die Frauen sind. Doch wo Büchner von der Hoffnungslosigkeit einer Gesellschaftsreform überzeugt war, da gibt es bei Fontane eine fast Brechtsche Überzeugung von der Veränderungsmöglichkeit dieser Gesellschaft. Diese Überzeugung kommt durch die Aufführung der Kartoffelkomödie von Judith und Holofernes in Stine zum Ausdruck. Hier wird im Spiel das Ende aller tyrannischen Ausbeutung realisiert. Die Ideen zu diesem Stück stammen bezeichnenderweise von einem Studenten, was als Hinweis aufgefasst werden kann, dass der Ursprung jeder Revolution ein intellektueller ist. Während ironischerweise die in diesem Stück ausgedrückten Ideen deutlich den Begriffshorizont der Tyrannenexekutorin Wanda übersteigen, so werden sie recht klar von dem Baron erkannt, dem der Kartoffelkopf des enthaupteten Holofernes in den Schoss fällt: "'Wahrhaftig, bloss eine Kartoffel. Kein Holofernes. Und doch war es mir, als ob er lebe. Was eigentlich auch nicht wundernehmen kann. Denn früher oder später ist eine derartige Dekapitation unser aller Los. Irgendeine Judith, die wir "zubegehren" ... entscheidet über uns und tötet uns so oder so'" (S. 201).

Das Endzeitbewusstsein des Barons und der in der Kartoffelkomödie verwirklichte revolutionäre Wunschtraum sind beides Zeichen einer zukunftsweisenden Hoffnung auf eine Veränderung der bestehenden gesellschaftlichen Ordnung. Dies steht in pointiertem Kontrast zu Büchners Woyzeck, in dem der Überzeugung von der ewigen Dauer der Unterdrückung der Schwachen Ausdruck gegeben wird und selbst Märchen in Desillusion enden.

Ist nun die Kartoffelkomödie keineswegs als Aufruf zu blutiger Erhebung zu verstehen, so ist doch die darin enthaltene Warnung unübersehbar, dass aus diesem harmlosen Spiel einst blutiger Ernst werden könnte, wenn die darin ausgedrückten Erkenntnisse einst Bewusstseinsgut aller ausgebeuteten Menschen werden und das gegenwärtige Joch dann als unerträglich empfunden wird. Wie sehr Fontane dieses empfunden hatte, geht aus einem Brief an Georg Friedländer aus dem Jahre 1891 hervor:

"Mein Hass gegen alles, was die neue Zeit aufhält, ist in einem beständigen Wachsen, und die Möglichkeit, ja die Wahrscheinlichkeit, dass dem Sieg des Neuen eine furchtbare Schlacht voraufgehen muss, kann mich nicht abhalten, diesen Sieg des Neuen zu wünschen. Unsinn und Lüge drücken zu schwer, viel schwerer als leibliche Not. "[30]

Die Kartoffelkomödie von Judith und Holofernes hat aber nicht nur klassenkämpferische Bedeutung, es geht hier nicht nur um Judith als der Repräsentantin des unterdrückten Volkes. Entschieden weist dieses Stück auch feministische Elemente auf. Judith ist hier auch die Repräsentantin aller Frauen, die das "Zubegehren" des Mannes nicht mehr "sittig gern" erdulden und sich nicht mehr zum blossen Lustobjekt erniedrigen lassen wollen:

"Er sprach von einem Schmuck und sprach von einem Kleid,
Allein wer bürgt dafür? Ich weiss, wie Männer sind,
Ist erst der Sturm vorbei, so dreht sich auch der Wind:
Er sprach von Frau sogar, allein was ist es wert ...?
Komm denn an meine Brust, geliebtes Racheschwert;
Er hat es so gewollt - ich fasse seinen Schopf,
Dass er mich zubegehrt, das kostet ihm den Kopf. " (S. 210)

Die Kartoffel-Judith formuliert hier die Erkenntnis, dass die Bezahlung, die einer Frau für ihre Gunst angeboten wird, nicht Wertschätzung bedeutet, sondern Bestechungsgeld für deren Demütigung ist. Während der Leser im Unklaren gelassen wird über die unmittelbare Reaktion der anwesenden Frauen auf diese Erkenntnis, so wird doch kein Zweifel daran gelassen, dass diese Erkenntnis zumindest der Pittelkow und Stine nicht unverborgen geblieben ist. So meint denn auch Stine:

"... solch ein Leben, wie's meine Schwester führt, verführt mich nicht; es schreckt mich bloss ab, und ich will mich lieber mein Leben lang quälen und im Spital sterben als jeden Tag alte Herren um mich haben, bloss um Unanständigkeiten mit anhören zu müssen oder Anzüglichkeiten und Scherze, die vielleicht noch schlimmer sind. Das kann ich nicht, das will ich nicht. " (S. 208)

Indem Stine das Leben ihrer Schwester für sich selbst entschieden zurückweist, hat sie auf ihre stille Weise den Befreiungsakt der Judith bereits in Wirklichkeit vollzogen.

Auch die Pittelkow ist sich offensichtlich der ständigen Verhöhnung durch den Grafen durchaus bewusst. Ihre wirtschaftliche Notlage jedoch zwingt sie dazu, "ihren Ärger darüber auf andere Zeit zu vertagen" (S. 192). Doch kann sich der Leser ganz gut vorstellen, dass aus der temperamentvollen Pittelkow einst eine rachedurstige Judith werden kann. Die Kartoffelkomödie bekommt damit die Funktion eines warnenden Aufrufs, der Frau eine menschenwürdigere Behandlung zukommen zu lassen, bevor es zu einer revolutionären Erhebung kommen kann.

In seinen letzten Lebensjahren wandte Fontane seine Sympathie immer mehr dem vierten Stande zu. So schreibt er im Jahre 1896: "Alles Interesse ruht beim vierten Stand. Der Bourgeois ist furchtbar und Adel und Klerus sind altbacken, immer wieder dasselbe. Die neue, bessere Welt fängt erst beim vierten Stand an"[31]. Dass Fontane vor allem die Frauen dieses Standes als die entscheidende Kraft angesehen haben mochte, diese bessere Welt herbeizuführen, mag daraus geschlossen werden, dass in seinen Arbeiterromanen die Frauen das eigentliche Kraftzentrum bilden. Obwohl diese Frauen in ihrer Lebenstüchtigkeit und Menschlichkeit durchaus als fähig zu solcher Aufgabe dargestellt und zu Vorbildern eines neuen Begriffes von Weiblichkeit gemacht werden, so wird doch auch zu erkennen gegeben, dass die sozialen Schranken, unter denen besonders dieser Stand zu leiden hat, ein enormes Hindernis für die völlige Emanzipation dieser Frauen und die Herbeiführung einer besseren Welt darstellen.

Das Gefühl der sozialen Gebundenheit ist bei aller Bewusstheit ihres menschlichen Wertes bei den Frauen des vierten Standes viel stärker ausgeprägt als bei den Frauen des Bürgertums. Keine der Frauen in den vorliegenden Erzählungen weist Aspirationen auf soziale Mobilität auf, wie sie bei Corinna und Jenny Treibel vorzufinden sind. Das Stellenbewusstsein des vierten Standes kommt besonders bei der Familie der Pittelkow zu ziemlich grotesken Auswirkungen. Hier wird nämlich der kleine Sohn des alten Grafen "ganz aristokratisch in weisse Spitzen gekleidet" (S. 176), während Pittelkows Tochter Olga, die wohl aus einer Verbindung mit einem Arbeiter stammt, in einem verschlissenen Strassenkostüm herumläuft. Auch die Pittelkow selbst scheint keineswegs die Aspirationen einer Jenny Treibel zu haben, sich in Kleidung, Stimme, Benehmen und Wohnungseinrichtung dem gräflichen Niveau anzunähern.

Dass die Frauen dieses Standes sich so milieuverhaftet sehen, hat seinen Grund darin, dass die Unterschiede der Lebensformen zwischen Adel und vierten Stand viel tiefgreifender sind als zwischen Adel und Bürgertum. So sieht Lene vor allem ihren Mangel an Bildung als die "Kluft" an, die sie von Botho trennt (S. 77). Stine wiederum erkennt das Trennende in den materiellen Lebensgewohnheiten des Adels. So erwidert sie auf Waldemars Angebot, mit ihr ein einfaches Leben in Amerika zu führen:

> "Wie du dich selbst verkennst. Der Tagelöhnersohn aus eurem Dorfe, der mag so leben und dabei glücklich sein; nicht du. Dadurch, dass man anspruchslos sein will, ist man's noch nicht, und es ist ein ander Ding, sich ein armes und einfaches Leben ausmalen oder es wirklich führen. Und für alles, was dann fehlt, soll das Herz aufkommen. Das kann es nicht, und mit einemmal fühlst du, wie klein und arm ich bin." (S. 255)

Die Weigerung Stines, Waldemar zu folgen, und das Sich-Abfinden Lenes mit dem Verlust Bothos wurden mit nur wenigen Ausnahmen in der Literaturkritik als eine Reflexion von Fontanes Konservatismus angesehen. So schrieb der Kritiker Maximilian Harden:

> "... Lieutenant Botho verzichtet auf seine herzige Lene und nimmt die "dalbrige" Käthe von Sellenthin zur Frau, weil er, nach allen Irrungen und Wirrungen seines jungen Gefühles, einsieht, dass Ehe Ordnung sein soll und nur die äusserlich Gleichen glücklich macht; und endlich mussten Waldemar und Stine sterben. In Fontanes staatsstützender Gesinnung steht

es nun einmal fest: nur gleich und gleich gesellt sich zum Glück, die Jugend der Jugend, der Adel dem Adel, das kleine Mädchen dem kleinen Mann."[32]

Derselben Meinung ist viele Jahre später auch Lotte Grages, wenn sie die Botschaft Stines darin sieht, "dass eine solche Verbindung nicht glücklich werden kann", und über Irrungen, Wirrungen schreibt: "Lenes Schicksal ist Ausdruck Fontanescher Weltanschauung. Seine weise Lebenserfahrung warnt vor Verstössen gegen das Vernunftgesetz, die zu Unglück und Schuld führen. Das Sichere ist immer, dem Gesetz nach zu leben, und es ist meistens besser, sich aus Ungesetzmässigkeiten zu lösen ..."[33].

Solche Ansichten vom grundlegenden Konservatismus dieser beiden Erzählungen finden in letzter Zeit immer häufiger Widerlegungen. So erläutert Walter Müller-Seidel in seiner Fontane-Studie überzeugend, dass man den Text von Irrungen, Wirrungen verfehlen würde, wenn man die Ordnung einseitig betone und zum Zielpunkt der Erzählung mache: "Botho hat sich zwar für die Gesellschaft entschieden, wie sie ist. Aber er hat sich nicht eindeutig für sie entschieden ... Es regt sich ungeklärter Weise beides in ihm: das Verlangen nach Ordnung und Ehe einerseits, aber das Verlangen nach einfachen Verhältnissen nicht minder"[34]. Und auch Richter sieht das Anliegen von Irrungen, Wirrungen als ein gesellschaftskritisches an und nicht als ein Bekenntnis zur bestehenden gesellschaftlichen Ordnung: "Bei Fontane ist mit der Resignation die Einsicht verbunden, dass es mit den tonangebenden Klassen der bestehenden Gesellschaft nicht zum Besten steht"[35]. Die leidvolle innere Gebrochenheit, die Lene und Botho von ihrer Trennung zurückbehalten, setze ein Fragezeichen hinter die Berechtigung einer Gesellschaftsordnung, die sie zu dieser Entscheidung veranlasst hat.

Ebenso bedeutet die Weigerung Stines, Waldemar nach Amerika zu folgen, keine Affirmation der gesellschaftlichen Konventionen, sondern vielmehr eine nüchterne Zurückweisung einer Flucht in die Illusion und damit einer im Grunde oberflächlichen und an den gesellschaftlichen Gegebenheiten nichts verändernden Lösung. Nicht der Ausbruchswille Waldemars wird von Stine und dem Erzähler als negativ angesehen, sondern nur die phantastische Art, in der dieser Ausbruch begangen werden soll. Gerade Waldemars unrealistischer Lösungsversuch bringt die tiefgreifenden sozialen Hindernisse, die es zu bewältigen gäbe, besonders deutlich zum Bewusstsein, was wiederum den Leser dazu anspornen könnte, nach realistischen Lösungen zu suchen, die diese Hindernisse für ein Happy-end beheben könnten.

Indem keine der beiden Erzählungen mit einem Happy-end schliesst, wird auf die Unzulänglichkeit der ständisch geordneten Gesellschaft hingewiesen, die vor allem den Frauen den menschlich berechtigten Anspruch auf gleichwertige Behandlung versagt und sie sowohl zu Opfern ihres Standes wie auch ihres Geschlechtes macht. Die Erfahrungen dieser Frauen, die in beiden Erzählungen dem Leser nahegebracht werden, sind zu schmerzlich, als dass sie eine Affirmation der bestehenden gesellschaftlichen Zustände zur Folge haben könnten. Sie rufen vielmehr den Wunschtraum nach einer besseren und gerechteren Gesellschaftsordnung hervor.

In diesen beiden Romanen, in denen es zu einer Konfrontation zwischen Adelsklasse und Arbeiterklasse kommt, wird auch deutlich, bei welcher Klasse die eigentlichen Sympathien Fontanes und die Hoffnung auf Verwirklichung einer besseren Gesellschaftsordnung liegen. In allen Romanen, in denen die Adelsklasse auftrat, war die Skepsis Fontanes an der Zukunft dieser Klasse unübersehbar. Symbolisch äusserte sich das wohl auch darin, dass die Ehen der Adelspaare entweder kinderlos blieben, wie in den Verbindungen von Cécile und St. Arnaud und Käthe und Botho, oder dass, wie im Falle von Effis Kind, das Kind derselben Dekadenz verfiel wie die ganze Klasse. Wenn Victoires Kind am Leben blieb, so wurde dies im Roman ausdrücklich einem Wunder zugeschrieben. Am Ende von Irrungen, Wirrungen aber steht die Ehe Gideons mit Lenes, worin, trotz aller menschlichen Gebrochenheit ein Zeichen eines neuen Lebens zu sehen ist. Und selbst in Stine, wird trotz des wohl sicheren Todes Stines, durch die Person der lebenskräftigen Witwe Pittelkow die Hoffnung auf eine allmähliche Verbesserung der gesellschaftlichen Wirklichkeit aufrechterhalten. Bis auf Stine erweisen sich die Frauen der Arbeiterklasse als lebenskräftiger und lebenstüchtiger als die Frauen der Adelsklasse und als unverdorbener als die Frauen des Bürgertums, denen durch ihren krassen Materialismus das gesunde Empfinden für die eigentlichen Werte des Lebens verloren gegangen ist. Dass in den besprochenen Romanen vor allem die Arbeiterfrauen die Hoffnung auf eine bessere Zukunft verkörpern, reflektiert auch die private Überzeugung Fontanes, dass von dieser Klasse allein die Rettung der untergangsreifen Gesellschaft zu erwarten ist. So schreibt er in einem Brief aus dem Jahre 1896 an James Morris:

> "Alles Interesse ruht beim vierten Stand. Der Bourgeois ist furchtbar, und Adel und Klerus sind altbacken, immer wieder dasselbe. Die neue, bessere Welt fängt erst beim vierten Stande an. Man würde das sagen können, auch wenn es sich bloss erst um Bestrebungen, um Anläufe handelte. So liegt es aber nicht; das, was die Arbeiter denken, sprechen, schreiben, hat das Denken, Sprechen und Schreiben der altregierenden Klassen tatsächlich überholt, alles ist viel echter, wahrer, lebensvoller. Sie, die Arbeiter, packen alles neu an, haben nicht bloss neue Ziele, sondern auch neue Wege. "26

Anmerkungen

1) Jürgen Jahn, Anmerkungen zu Stine, in Fontane, Romane und Erzählungen, V, 577.

2) Theodor Fontane, Brief an Emil Dominik vom 3.1.1888, zitiert nach Romane und Erzählungen, V, 583.

3) Twellmann, I, 59.

4) Martin Osterland, Hrsg., Materialien zur Lebens- und Arbeitssituation der Industriearbeiter in der BRD (Frankfurt a/M: Europäische Verlagsanstalt, 1973), S. 195.

5) Twellmann, I, 130.

6) Bebel, S. 243.

7) Alle Seitenangaben im laufenden Text beziehen sich auf Fontane, Romane und Erzählungen, Bd. V.

8) Siehe Twellmann, I, 197.

9) Gerhard Friedrich, "Die Witwe Pittelkow", Fontane-Blätter, 3, Heft 2 (1974), 118.

10) Friedrich, S. 119.

11) Friedrich, S. 119.

12) Friedrich, S. 117.

13) Friedrich, S. 118.

14) Paul Schlenther, Rezension vom 1.4.1888, zitiert nach Fontane, Romane und Erzählungen, V, 551.

15) Zitiert nach Fontane, Romane und Erzählungen, V, 544.

16) Theodor Fontane, Brief an Kürschner vom 20.1.1888, zitiert nach Fontane, Romane und Erzählungen, V, 583.

17) Fontane, Briefe an seine Familie, II, 156, Brief vom 8.9.1887.

18) Theodor Fontane, Brief an Paul Schlenther vom 22.6.1888, zitiert nach Fontane, Romane und Erzählungen, V, 586.

19) Fontane, Briefe an seine Familie, II, 155–156.

20) Fontane, Briefe an seine Familie, II, 156.

21) Otto Pniower, Rezension vom Sept. 1888, zitiert nach Fontane, Romane und Erzählungen, V, 555.

22) Pniower, S. 555.

23) Fontane, Briefe an seine Familie, II, 156.

24) Twellmann, II, 11.

25) Fontane, Briefe an seine Familie, I, 314, Brief vom 24.6.1881.

26) Fontane, Brief vom 10.10.1889, zitiert nach Müller-Seidel, Theodor Fontane, S. 250.

27) Aust, S. 24.

28) Müller-Seidel, Theodor Fontane, S. 263.

29) Müller-Seidel, Theodor Fontane, S. 272.

30) Fontane, Briefe an Georg Friedländer, S. 147, Brief vom 27.5.1891.

31) Fontane, Briefe an die Freunde, S. 380.

32) Maximilian Harden, Rezension von Aug. 1890, zitiert nach Fontane, Romane und Erzählungen, V, 592.

33) Lotte Grages, Frauengestalten bei Theodor Fontane, Diss. Frankfurt a/M, 1930 (Frankfurt a/M: Heppenheim, 1931), S. 49.

34) Müller-Seidel, Theodor Fontane, S. 263.

35) Richter, S. 270.

36) Zitiert nach Fontane, Romane und Erzählungen, V, 598.

SCHLUSSBEMERKUNGEN

Die vorliegende Untersuchung der Berliner Gesellschaftsromane Fontanes hat er-
geben, dass Fontane nicht nur scharfsichtiger Diagnostiker, sondern auch unver-
kennbarer Kritiker seiner Zeit war. Die Methode, die Fontane als Gesellschaftskritiker benutzte, ergab sich dabei als die der indirekten implizierten Kritik. Die Leiden seiner Romanfiguren an der repressiven bürgerlichen Gesellschaftsordnung des
zweiten Kaiserreichs, die der menschlichen Realität nicht mehr gerecht werden
konnte, sprechen eine deutlich anklagende Sprache und werfen die Frage nach der
Existenzberechtigung einer solchen Gesellschaftsordnung auf.

Obwohl bis auf L'Adultera in keinem der besprochenen Romane eine aktive
Auflehnung gegen die erstickenden Konventionen der degenerierenden Gesellschaft
der Bismarck-Ära festzustellen war, kam die vorliegende Arbeit zu dem Ergebnis,
dass damit in keiner Weise der Resignation das Wort geredet wird. Die Bewusstseins-
wandlung, die an allen Frauenfiguren nachgewiesen werden konnte, schliesst jede
blinde Ergebung in die bestehenden Verhältnisse aus. Die Bewusstheit der Unterwerfung, so konnte festgestellt werden, umschliesst ein solches Mass an menschlicher
Kraft, dass sie weit über jeden Fatalismus und Pessimismus, die den Begriff der
Resignation konstituieren, hinausweist und die Unterwerfung in einen Sieg des Geistes umwandelt, der zukunftsweisend ist. In diesem Ergebnis schliesst sich die vorliegende Arbeit den Erkenntnissen der Studie Karl Richters an.

Während in den besprochenen Romanen der Geist des passiven Widerstandes
auf solch indirekte Weise bekundet wird, wies die vorliegende Arbeit auch auf die
zahlreichen Romanfiguren hin, die nach rein menschlich-ethischen Gesichtspunkten
leben in einer Gesellschaft, die blindlings bedeutungslos gewordene Konventionen
zu Massstäben des Lebens und Urteilens gemacht hat. Durch die Existenz dieser
Romangestalten konnte konkret bewiesen werden, dass Resignation nicht als die ein-
zige Lösung von Fontanes Romanen anzusehen ist, sondern dass in ihnen vielmehr
immer auch auf die Möglichkeit positiven Handelns und auf einen Spielraum der Freiheit verwiesen wird.

Sowohl durch solche konkret positiven Beispiele, die aber nie didaktisch
oder doktrinär ausgebeutet werden, wie auch durch die indirekten Verweisungen auf
die durch rigide Konventionen vergebenen menschlichen Möglichkeiten, kann den
besprochenen Romanen Fontanes die Qualität optimistischer Zukunftsträchtigkeit
zugesprochen werden. Die Verwendung des Begriffes der Utopie für die Romane
Fontanes erwies sich dabei insofern gerechtfertigt, als die vorliegende Arbeit ihn
in dem neuen, weitgefassten Sinne, in dem Ernst Bloch ihn verstand, verwandte.
Der Utopiebegriff hatte in diesem Sinne nichts mehr mit der "abstrakten Utopie" gemein, die traditionellerweise "neun Zehntel ihres Raums dem Gemälde des Zukunfts-
staats gewidmet [hatte] und nur ein Zehntel der kritischen, der oft nur negativen
Betrachtung des Jetzt". Der Begriff der Utopie, wie er in den Romanen Fontanes
festgestellt wurde, beinhaltete vielmehr, ganz in der Blochschen Bedeutung, eine
"kritische Analyse des Jetzt", die mehr als neun Zehntel des Romanwerkes an diese Analyse setzte und nur einen verhältnismässig geringen Platz der Zukunft einräumte[1]. Damit stimmte die utopische Bewusstheit, die die Fontane-Romane auf-
wiesen, mit der Definition Blochs der "konkreten Utopie" überein, der es im Gegensatz zur "abstrakten Utopie" darauf ankommt, "die Formen und Inhalte zu ent-

binden, die sich im Schoss der gegenwärtigen Gesellschaft bereits entwickelt haben. Utopie in diesem nicht mehr abstrakten Sinn ist derart das gleiche wie realistische Antizipation des Guten"[2]. Wenn daher also die in diesen Romanen heraufbeschworene bessere Zukunft nur selten erlebt und nie positiv ausformuliert wurde, so wurde doch immer wieder jenes "Sein der Möglichkeit" übermittelt, das nach Bloch der wichtigste Aspekt der Utopie ist. Diesem "Sein der Möglichkeit" konnte dabei im Sinne Blochs insofern utopische Realität zugesprochen werden, als Mögliches als Latentes durchaus nicht immer schon objektiv vorhanden sein muss, es daher nur des Subjektes bedarf, um erkannt und verwirklicht zu werden. Gerade die Ungeschlossenheit des sich in Fontanes Romanen äussernden utopischen Bewusstseins wirkte dabei fruchtbar auf das Vorstellungsvermögen der Leser. Die Erkenntnis einer unerträglichen Gegenwart, die durch die Darstellung von menschlichen Leidenssituationen erzeugt wurde, konnte sich als eine Kraft erweisen, die nach vorwärts, auf eine Verbesserung zu hintreibt.

Die utopische Vision eines besseren Lebens, die auf diese indirekte Weise erzeugt wird, umfasst zwar die Verbesserung der Lebensbedingungen aller Menschen, doch macht sie, so wurde in der vorliegenden Arbeit festgestellt, vor allem die Verbesserung der Lage der Frau zu ihrem besonderen Anliegen. In der Darstellung der Frauenschicksale konnte eine höchst modern anmutende scharfe demokratische Bewusstheit festgestellt werden, die die Unterdrückung der Frau als Zeichen einer ungesunden Gesellschaft zu erkennen gab. Die Einsicht wurde vermittelt, dass in einer Gesellschaft, in der die Frau unterdrückt wird, allgemeine Unterdrückung vorherrscht.

Als Grundanliegen aller besprochenen Romane ergab sich die Sichtbarmachung der Frau als Menschen in seiner besonderen Individualität, unabhängig von stereotypen Rollen- und Geschlechtsvorstellungen. In allen Romanen wurde immer wieder auf die Gleichwürdigkeit und die Ebenbürtigkeit der Frau hingewiesen, wenn auch der Glaube an eine spezifisch weibliche Individualität und einen spezifisch weiblichen Aufgabenbereich dabei bestehen blieb. Fontane spricht die Frau nicht von den Pflichten der Weiblichkeit und Häuslichkeit frei. Zugleich aber setzt er sich dafür ein, der Frau die Möglichkeit zu geben, ihr menschliches Potential zu entfalten und zu erfüllen, worin er im Gegensatz zur damaligen Zeit keinen Widerspruch zum Konzept der Weiblichkeit sah.

Die Skala der Frauenfiguren Fontanes reicht von der Frau der Arbeiterklasse zum Adel, von der unbewussten, hilflosen, verwöhnten und ungebildeten Frau zur völlig emanzipierten Frau. Damit wird die Spannweite der Individualität der Frau bescheinigt, und die Forderung der Messung aller Frauen nach einer abstrakten Ideologie vom Wesen und der Aufgabe der Frau in ihrer Beschränkung als absurd, ungerechtfertigt und unmenschlich entlarvt.

Indem Fontane fernerhin innerhalb der einzelnen Romane wie auch in dem besprochenen Romanwerk als ganzem Frauen von verschiedenen Klassen einander gegenüberstellt, lässt er erkennen, dass das, was oft als typisch weibliche Fähigkeiten oder Unfähigkeiten und typisch weibliche Charakterzüge angesehen wird, weniger mit der Geschlechtszugehörigkeit als mit den sozialen Bedingungen der jeweiligen Klassenzugehörigkeit zusammen hängt. In dieser so vermittelten Erkenntnis liegt dabei wiederum die Forderung impliziert, Frauen nicht einer relativen Ideologie zuliebe zu zwingen, das zu sein, was sie nicht sind, sondern sie in ihrer Individualität und in ihrer Menschenwürde zu respektieren. In dieser Erkenntnis, dass das Wesen der Frau nicht immer mit gesellschaftlichen Kategorien erfasst werden kann, liegt auch die Utopie vom weiblichen Glück beschlossen, das darin gesehen wird, das individuelle Menschentum im Einklang mit einer toleranten Gesellschaft erfüllen zu können.

Wenn auch Fontane der bestehenden gesellschaftlichen Ideologie der Bismarck-Ära durchaus Verständnis entgegenbringt als etwas historisch Gewordenem, so steht sein Mitgefühl eindeutig auf der Seite der Figuren, die mit dieser Ideologie in Konflikt geraten und sie verletzen. Damit unterscheidet sich Fontane von seinen Zeitgenossen Tolstoi und Flaubert, die sich in ihren Frauenromanen ebenfalls mit dem Konflikt zwischen Gesellschaft und Individuum auseinandergesetzt haben. Während Tolstoi in seinem Roman Anna Karenina den Tod Annas als "vindication of a moral law"[3] dargestellt hat und damit trotz unbestreitbaren Mitgefühls für seine Hauptfigur das moralische und gesellschaftliche Gesetz über den individuellen Anspruch Annas auf Glück stellte, wird in keinem der besprochenen Fontane-Romane der Tod der weiblichen Protagonistinnen als Sühne für die Verstossung gegen gesellschaftliche oder moralische Gesetze dargestellt. Gesellschaftliches Gesetz und moralisches Gesetz werden vielmehr eindeutig als zweierlei Begriffe gezeigt. Die weiblichen Protagonistinnen Fontanes haben dabei in ihrer Suche nach dem Glück immer das moralische Gesetz auf ihrer Seite, und damit wird ihr Untergang zur Anklage gegen eine Gesellschaft, in der das moralische Gesetz seine Macht verloren hat. Statt der sarkastischen Verurteilung der gesamten bürgerlichen Gesellschaft, die wir bei Flaubert in seinem Roman Madame Bovary feststellen können und von der auch die Titelheldin nicht ausgeschlossen bleibt, finden wir bei Fontanes Romanen eine versöhnliche und tolerante Haltung vor, die letzten Endes nur den Menschen im Auge hat und auf das Beste im Menschen hofft. Dieser Versuch, das Beste im Menschen, sein demokratisches Bewusstsein, durch seine Romane freizusetzen und damit die Verwirklichung menschlichen Glücks möglich zu machen, kann als bedeutender Beitrag Fontanes zum europäischen Roman des 19. Jahrhunderts angesehen werden.

Die Utopie des weiblichen Glücks, die als "Traum vom besseren Leben" durch die Tragik von Fontanes Romanen heraufbeschworen wird, erweist sich damit letzten Endes auch als die Utopie des allgemeinmenschlichen Glücks; denn nur in einer Gesellschaft, in der alle Menschen als gleichgestellt behandelt werden, ist menschliches Glück überhaupt möglich. Dem Leser diese Einsicht zu vermitteln und in ihm jenen Traum vom besseren Leben zu erwecken, darin konnten wir das Anliegen und die zukunftsweisende Bedeutung der besprochenen Fontane-Romane feststellen.

Anmerkungen

1) Bloch, II, 724.

2) Bloch, II, 727.

3) Joseph Peter Stern, Re-interpretations (New York: Basic Books, 1964), S. 333.

BIBLIOGRAPHIE

Primärliteratur: Werke von Theodor Fontane

Briefe an die Freunde. Hrsg. von Friedrich Fontane. Berlin: F. Fontane, 1943.

Briefe an die Tochter und an die Schwester. Hrsg. von Kurt Schreinert. Berlin: Propyläen Verlag, 1968.

Briefe an Georg Friedländer. Hrsg. von Kurt Schreinert. Heidelberg: Quelle und Meyer, 1954.

Briefe an seine Familie. Berlin: S. Fischer Verlag, 1924.

Briefe an seine Freunde. Hrsg. von Otto Pniower und Paul Schlenther. Berlin: L. Fontane, 1925.

Gesammelte Werke. Hrsg. von K. E. O. Fritsch. Serie 2, Bd. 10/11. Berlin: F. Fontane, 1905.

"Gespenster". Klassiker der Kritik. Hrsg. von Emil Staiger. Bd. 2. Zürich: Artemis Verlag, 1967.

Romane und Erzählungen. Hrsg. von Peter Goldammer, Gotthard Erler, Anita Golz und Jürgen Jahn. Berlin: Aufbau-Verlag, 1969.

Schriften und Glossen zur europäischen Literatur. Hrsg. von Emil Staiger. Zürich: Artemis Verlag, 1967.

Gesammelte Werke. Hrsg. von Julius Petersen. Berlin: de Gruyter, 1929.

Sekundärliteratur

Angress, Ruth K.: "Sklavenmoral und Infantilismus in Frauen- und Familienroma- nen". In Popularität und Trivialität. Hrsg. von Reinhold Grimm und Jost Hermand. Frankfurt am Main: Athenäum Verlag, 1974.

Auerbach, Erich: Mimesis: Dargestellte Wirklichkeit in der abendländischen Lite- ratur. Bern: Francke Verlag, 1946.

Aust, Hugo. Theodor Fontane: Verklärung. Bonn: Bouvier Verlag, 1974.

Bahr, Ehrhard: "Fontanes Verhältnis zu den Klassikern". Pacific Coast Philology, 11 (1976), 15-21.

Basch, Françoise: Relative Creatures: Victorian Women in Society and the Novel. New York: Schocken Books, 1974.

Bebel, August: Die Frau und der Sozialismus. 25. Aufl., 1946 fotomechanischer Nachdruck. Frankfurt am Main: Verlag Marxistischer Blätter, 1977.

Beck, Evelyn T.: "Frauen, Neger und Proleten: Die Stiefkinder der Utopie". In Deutsches utopisches Denken im 20. Jahrhundert. Hrsg. von Reinhold Grimm und Jost Hermand. Stuttgart: Kohlhammer, 1974.

Betz, Frederick: "The Contemporary Critical Reception of Fontanes 'Vor dem Sturm' und 'Der Stechlin'". Diss. Univ. of Indiana 1973.

119

Bloch, Ernst: Das Prinzip Hoffnung. 5 Bde. Frankfurt am Main: Suhrkamp Verlag, 1973.

Böckmann, Paul: "Der Zeitroman Fontanes". Der Deutschunterricht, 11, H. 5 (1959), 59-81.

Bonwit, Marianne: "Effi Briest und ihre Vorgängerinnen Emma Bovary und Nora Helmer". Monatshefte (Wisconsin), 40 (1948), 445-456.

Bramsted, Ernest K.: Aristocracy and the Middle-Classes in Germany: Social Types in German Literature 1830-1900. Chicago: Univ. of Chicago Press, 1964.

Brinkmann, Richard: Theodor Fontane: Über die Verbindlichkeit des Unverbindlichen. München: Piper Verlag, 1967.

Carlsson, Anni: "Ibsenspuren im Werk Fontanes". Deutsche Vierteljahresschrift, 43, Pt. 1 (1969), 289-196.

Croner, Else: Fontanes Frauengestalten. Berlin: F. Fontane, 1906.

Dahm, Hedwig: Die Antifeministen. Berlin: o.V., 1902.

Damus, Renate: Ernst Bloch: Hoffnung als Prinzip - Prinzip ohne Hoffnung. Meisenheim am Glan: Verlag Anton Hain, 1971.

Demetz, Peter: Formen des Realismus. München: Hanser Verlag, 1964.

---: "Massnahmen gegen die Geschichte: Zum Gesellschaftsroman von Austen, Fontane und Thackeray". Forum, 11 (1964), 443-445.

Dreikurs, Rudolf: Die Ehe - eine Herausforderung. Stuttgart: Klett Verlag, 1972.

Duden, Barbara: "Das schöne Eigentum: Zur Herausbildung des bürgerlichen Frauenbildes an der Wende vom 18. zum 19. Jahrhundert". Kursbuch, 47 (1977), 125-140.

Ellinger, Edeltraut: "Das Bild der bürgerlichen Gesellschaft bei Theodor Fontane". Diss. Univ. Würzburg 1970.

Erler, Gotthard. "Fontane und Hauptmann". Fontane-Blätter, 2, Nr. 6 (1972), 393-402.

---: Schach von Wuthenow. Berlin: Aufbau-Verlag, 1969.

Friedan, Betty: The Feminine Mystique. New York: Dell Publishing Co., 1963.

Friedrich, Gerhard. "Die Frage nach dem Glück in Fontanes 'Irrungen, Wirrungen'". Der Deutschunterricht, 11, H. 4 (1959), 76-87.

---: "Die Schuldfrage in Fontanes 'Cécile' ". Jahrbuch der deutschen Schillergesellschaft, 14 (1970), 520-545.

Friedrich, Gerhard: "Die Witwe Pittelkow". Fontane-Blätter, 3, H. 4 (1974), 109-124.

Fuerst, Norbert: The Victorian Age of German Literature. University Park: Pennsylvania State Univ. Press, 1966.

Furst, Lilian: "Madame Bovary und Effi Briest". Romanistisches Jahrbuch, 12 (1961), 124-135.

Geffcken, Hanna: " 'Effi Briest' und 'Madame Bovary' ". Das literarische Echo,
22 (1921), 523-527.

Gehrmann, Karl-Heinz: "Der Stechlin und die klassenlose Gesellschaft". Deutsche
Studien, 9 (1971), 293-302.

Gilbert, Mary-Enole: "Fontanes 'Effi Briest' ". Der Deutschunterricht, 11 (1959),
631-675.

Goldammer, Peter: "Probleme der Fontane Edition: Zur Entstehungsgeschichte
der Romane und Erzählungen". In Fontanes Realismus. Hrsg. von Hans-
Erich Teitge und J. Schobess. Berlin: Akademie-Verlag, 1972.

Gomez, Jean. "Eine Vaterschaft? - Fontane und die Literaturkritik in der DDR".
Revue des Langues Vivantes, 39, H. 2 (1973), 137-144.

Grages, Lotte: Frauengestalten bei Theodor Fontane. Diss. Frankfurt am Main
1930. Heppenheim: G. Otto, 1931.

Greter, Heinz Eugen: Fontanes Poetik. Bern: Herbert Lang, 1973.

Hardwick, Elisabeth: Seduction and Betrayal: Women and Literature. New York:
Vintage Books, 1975.

Heuser, Magdalene: "Fontanes 'Cécile': Zum Problem des ausgesparten Anfangs".
Zeitschrift für deutsche Philologie, 92 (1973), 51 ff.

Hohendahl, Peter Uwe: "Theodor Fontanes 'Cécile' ". Germanisch-Romanische
Monatsschrift, 18 (1968), 381-405.

Jolles, Charlotte. " 'Gideon ist besser als Botho'. Zur Struktur des Erzählschlus-
ses bei Fontane". In Festschrift für Werner Neuse. Berlin: Die Diagonale,
1967.

---: Theodor Fontane. Stuttgart: Metzler Verlag, 1972.

Kafitz, Dieter: "Die Kritik am Bildungsbürgertum in Fontanes Roman 'Frau Jenny
Treibel' ". Zeitschrift für deutsche Philologie, 92 (1973), Sonderheft,
74-101.

Killy, Walter: Wirklichkeit und Kunstcharakter. München: Beck Verlag, 1963.

Klieneberger, H.R.: "Social Conformity and Nonconformity in Fontane's Novels".
Forum for Modern Language Studies, 4 (1968), 387-395.

Koepke, Cordula: Die Frau und die Gesellschaft. Wien: Guenter Olzog Verlag, 1973.

Kohn-Bramsted, E.: "Marriage and Mésalliance in Thackeray and Fontane".
German Life and Letters, 3 (1938-39), 285-297.

Lazarowicz, Klaus: "Moral- und Gesellschaftskritik in Theodor Fontanes erzähle-
rischem Werk". In: Unterscheidung und Bewahrung. Festschrift für Her-
mann Kunisch. Hrsg. von Klaus Lazarowicz und Wolfgang Kron. Berlin:
de Gruyter, 1961. S. 218-231.

Lowe, Theodore: "The Problems of Love and Marriage in the Novels of Theodor
Fontane". Diss. Univ. of Pennsylvania 1955.

Lübbe, Herman: "Fontane und die Gesellschaft". In Theodor Fontane. Hrsg. von Wolfgang Preisendanz. Wege der Forschung, Bd. 381. Wiesbaden: Wissenschaftliche Buchgesellschaft, 1973. S. 354-400.

Lukàcs, Georg: "Der alte Fontane". Deutsche Realisten des 19. Jahrhunderts. Berlin: Aufbau-Verlag, 1952.

Martini, Fritz: "Forschungsbericht zur deutschen Literatur des Realismus". Deutsche Vierteljahresschrift, 34 (1960), 650-657.

Meyer, Herman: Das Zitat in der Erzählkunst. Stuttgart: Metzler Verlag, 1967.

Moltmann-Wendel, Elisabeth: Hoffnung - Jenseits von Glaube und Skepsis: Theodor Fontane und die bürgerliche Welt. München: Kaiser-Verlag, 1964.

Mommsen, Katharina: Gesellschaftskritik bei Fontane und Thomas Mann. Heidelberg: Stiehm Verlag, 1973.

Müller-Seidel, Walter: "Gesellschaft und Menschlichkeit". In Theodor Fontane. Hrsg. von Wolfgang Preisendanz. Wege der Forschung, Bd. 381. Wiesbaden: Wissenschaftliche Buchgesellschaft, 1973.

---: Theodor Fontane: Soziale Romankunst in Deutschland. Stuttgart: Metzler Verlag, 1975.

Ohl, Hubert: Bild und Wirklichkeit. Studien zur Romankunst Raabes und Fontanes. Heidelberg: Stiehm Verlag, 1968.

Osiander, Renate: "Der Realismus in den Zeitromanen Theodor Fontanes: Eine vergleichende Gegenüberstellung mit dem französischen Zeitroman". Diss. Georg-August Univ. Göttingen 1952.

Osterland, Martin, Hrsg: Materialien zur Lebens- und Arbeitssituation der Industriearbeiter in der BRD. Frankfurt am Main: Europäische Verlagsanstalt, 1973.

Park, Rosemary. "Theodor Fontane's Unheroic Heroes". Germanic Review, 15 (1939), 32-44.

Paul, Fritz: "Fontane und Ibsen". Fontane-Blätter, 2, Nr. 7 (1972), 507-516.

Petriconi, Hellmuth: Die verführte Unschuld. Hamburger Romanistische Studien, Bd. 38. Hamburg: de Gruyter, 1953.

Preisendanz, Wolfgang, Hrsg. Theodor Fontane: Wege der Forschung, Bd. 381. Wiesbaden: Wissenschaftliche Buchgesellschaft, 1973.

Remak, Joachim: The Gentle Critic: Theodor Fontane and German Politics (1848-1898). Syracuse, N. Y.: Syracuse Univ. Press, 1964.

Resnikow, Sylvia: "Das Gesellschaftsbild im Romanwerk Theodor Fontanes". Diss. Univ. of Wisconsin 1942.

Retz, Jae Carl: "The Narrator as an Instrument of Social Criticism: Studies in Theodor Fontane's Narrative Art". Diss. Univ. of Oregon 1976.

Reuter, Hans-Heinrich: Fontane. München: Nymphenburg Verlag, 1968.

Richter, Karl: Resignation: Eine Studie zum Werk Theodor Fontanes. Stuttgart: Kohlhammer Verlag, 1966.

Robinson, Alan R.: "Problems of Love and Marriage in Fontane's Novels". German Life and Letters, N.S. 5 (1951-52), 279-285.

Rowley, Brian: "Theodor Fontane: A German Novelist in the European Tradition". German Life and Letters, 5 (1961), 71-88.

Schmidt-Brümmer, Horst: Formen des perspektivischen Erzählens: Fontanes "Irrungen, Wirrungen". München: Wilhelm Fink Verlag, 1971.

Seiffert, Hans Werner: "Fontanes Effi Briest und Spielhagens Zum Zeitvertreib: Zeugnisse und Materialien". In Studien zur neueren deutschen Literatur. Hrsg. von Hans Werner Seiffert. Berlin: Akademie Verlag, 1964. S. 255-300.

Stern, Joseph Peter: Re-Interpretations. New York: Basic Books, 1964.

Strecker, Gabriele: Frauenträume - Frauentränen: Über den deutschen Frauen- roman. Weilheim: O. Wilhelm Verlag, 1969.

Turner, David. "Fontane's Jenny Treibel: A Study in Ironic Discrepancy". Forum for Modern Language Studies, 8 (1972), 132-147.

Twellmann, Margrit: Die deutsche Frauenbewegung. 2 Bde. Kronberg: Athenäum Verlag, 1976.

Veblen, Thorstein: The Theory of the Leisure Class. 12th ed. 1899; rpt. New York: Mentor Books, 1953.

Volkov, E. M. "Zur Problematik von Theodor Fontanes Roman 'Effi Briest' ". Fontane-Blätter, 3, H. 1 (1973), 1-9.

Wedereit, Gerhard. "Beobachtungen zur Technik und Ethos in Fontanes 'Jenny Treibel' ". Acta Germanica, 7 (1962), 117-125.

Wölfel, Kurt. "Man ist nicht bloss ein einzelner Mensch: Zum Figurenentwurf in Fontanes Gesellschaftsromanen". Zeitschrift für deutsche Philologie, 82 (1963), 152-171.

NACHWORT

Ein Nachwort dieser Art hat etwas Missliches, wenn es als Bevormundung des Lesers oder Autors, als erste Rezension oder als Waschzettel missverstanden wird. Davon kann hier keine Rede sein, denn die Verfasserin, Dr. Hanni Mittelmann, tritt mit dieser Monographie über die Utopie des weiblichen Glücks in den Romanen Theodor Fontanes in eigener Verantwortung an die Öffentlichkeit.

Es gilt hier, der Herausgeberin zu danken, die diese Monographie in die Germanic Studies in America nicht nur aufgrund der Herkunft, sondern auch wegen der entwickelten Methode aufgenommen hat. Dr. Hanni Mittelmann (geb. 1947 in Regensburg) studierte an den Universitäten Heidelberg und Paris sowie an der University of California, Los Angeles (UCLA), an der sie sowohl ihren Bachelor of Arts (1971) und ihren Magister (1972) als auch ihren Doktorgrad (1978) in Germanistik erwarb. Dr. Mittelmanns Studie ist aus einem Seminar über die literarische Utopie und utopische Literatur hervorgegangen und stellt eine Überarbeitung ihrer Dissertation dar. Seit 1978 lehrt Dr. Mittelmann als Dozentin an der neubegründeten Abteilung für Germanistik an der Hebräischen Universität Jerusalem. Durch ihren Studiengang und ihre Lehrtätigkeit verlaufen die Meridiane der Germanistik zwischen Heidelberg, Paris, Los Angeles, Stanford und Jerusalem.

Die vorliegende Monographie verbindet die amerikanische Methode der Textanalyse aus dem New Criticism mit der Theoriebildung der europäischen Literaturwissenschaft. Oder genauer gesagt: Der philosophische Utopiebegriff von Ernst Bloch, der nicht mit der traditionellen Utopiedefinition der Literaturwissenschaft zu verwechseln ist, wird hier für die spezifische Fragestellung nach der Frauenproblematik in Fontanes Romanen herangezogen. Zur Kontrolle der philosophischen Perspektive dient August Bebels Studie Die Frau und der Sozialismus von 1879, die den historischen Bezugsrahmen für die Interpretation abgibt. Die spekulative Tendenz des Blochschen Utopiebegriffs ist also auf genaue Textanalyse gegründet und wird historisch durch Bebels Studie als Zeitdokument abgesichert. Aufgrund dieses dreigefächerten Interpretationsansatzes ergibt sich ein neues Textverständnis, das die utopische Latenz der Romane von Theodor Fontane hinsichtlich der Frauenfrage im Rahmen des historischen Erwartungshorizontes erschliesst. Die Ergebnisse der Untersuchung bedürfen nicht der Paraphrase, sondern sprechen für sich selbst.

Los Angeles, im November 1979 Ehrhard Bahr

STUDIENREIHE ZUR GERMANISTIK

Germanic Studies in America:

Bd. 1 Nordmeyer, Rubaijat von Omar Chajjam. 2. Aufl. 104 S., brosch. und Lwd., 1969.

Bd. 2 Richards, The German Bestseller in the 20th Century. A complete Bibliography and Analysis. 276 S., Lwd., 1968.

Bd. 3 Germer, The German Novel of Education 1792 – 1805. A complete Bibliography and Analysis. 280 S., Lwd., 1968.

Bd. 4 Gerlitzki, Die Bedeutung der Minne in "Moritz von Craun". 132 S., Lwd., 1970.

Bd. 5 Bowman, Life into Autobiography. A Study of Goethe's "Dichtung und Wahrheit". 162 S., Lwd., 1971.

Bd. 6 Putzel, Letters to Immanuel Bekker from Henriette Herz, S. Probenheim and Anna Horkel. 108 S., Lwd., 1972.

Bd. 7 Geldrich, Heine und der spanisch-amerikanische Modernismo. 304 S., Lwd., 1971.

Bd. 8 Friesen, The German Panoramic Novel in the 19th Century. 232 S., Lwd., 1972.

Bd. 9 Novak, Wilhelm von Humboldt as a Literary Critic. 142 S., Lwd., 1972.

Bd. 10 Shelton, The Young Hölderlin. 282 S., Lwd., 1973.

Bd. 11 Milstein, Eight Eighteenth Century Reading Societies. A Sociological Contribution to the History of German Literature. 312 S., Lwd., 1972.

Bd. 12 Schatzberg, Scientific Themes in the Popular Literature and the Poetry of the German Enlightenment, 1720 – 1760. 350 S., Lwd., 1973.

Bd. 13 Dimler, Friedrich Spee's "Trutznachtigall". 158 S., Lwd., 1973.

Bd. 14 McCort, Perspectives on Music in German Fiction. The Music-Fiction of Wilhelm Heinrich Riehl. 154 S., Lwd., 1974.

Bd. 15 Motsch, Die poetische Epistel. Ein Beitrag zur Geschichte der deutschen Literatur und Literaturkritik des achtzehnten Jahrhunderts. 218 S., Lwd., 1974.

Bd. 16 Zipser, Edward Bulwer-Lytton and Germany. 232 S., Lwd., 1974.

Bd. 17 Rutledge John, The Dialogue of the Dead in Eighteenth-Century Germany. 186 S., Lwd., 1974.

Bd. 18 Rutledge Joyce S., Johann Adolph Schlegel. 322 S., Lwd., 1974.

Bd. 19 Gutzkow, Wally the Skeptic. Novel. A translation from the German with an Introduction and Notes by Ruth-Ellen Boetcher Joeres. 130 S., Lwd., 1974.

Bd. 20 Keck, Renaissance and Romanticism: Tieck's Conception of Cultural Decline as Portrayed in his "Vittoria Accorombona". 120 S., Lwd., 1976.

Bd. 21 Scholl, The Bildungsdrama of the Age of Goethe. 80 S., Lwd., 1976.

Bd. 22 Bartel, German Literary History 1777 – 1835. An Annotated Bibliography. 230 S., Lwd., 1976.

Bd. 23 Littell, Jeremias Gotthelf's "Die Käserei in der Vehfreude": A Didactic Satire. 122 S., Lwd., 1977.

Bd. 24 Carels, The Satiric Treatise in Eighteenth-Century Germany. 168 S., Lwd., 1976.

Bd. 25 Lensing, Narrative Structure and the Reader in Wilhelm Raabe's "Im alten Eisen". 118 S., Lwd., 1977.

Bd. 26 Profit, Interpretations of Iwan Goll's late Poetry with a comprehensive and annotated Bibliography of the Writings by and about Iwan Goll. 202 S., Lwd., 1977.

Bd. 27 Hollyday, Anti-Americanism in the German Novel 1841 – 1862. 212 S., Lwd., 1977.

Bd. 28 Horwath, Der Kampf gegen die religiöse Tradition. Die Kulturkampfliteratur Österreichs, 1780 – 1918. 295 S., Lwd., 1978.

Bd. 29 Pantle, Die Frau ohne Schatten – By Hugo von Hofmannsthal and Richard Strauss. An Analysis of Text, Music, and their Relationship. 256 S., Lwd., 1978.

Bd. 30 Leckey, Some Aspects of Balladesque Art and their Relevance for the Novels of Theodor Fontane. 114 S., Lwd., 1979.

Bd. 31 Thomas, Ordnung und Wert der Unordnung bei Bertolt Brecht. 141 S., Lwd., 1979.

Bd. 32   Emmel, Weltklage und Bild der Welt in der Dichtung Goethes. Zweite, durch-
         gesehene Auflage. 223 S., Lwd., 1979.
Bd. 33   Stern, Hilde Domin: From Exile to Ideal. 93 S., Lwd., 1979.
Bd. 34   Gellinek, Herrschaft im Hochmittelalter. Essays zu einem Sonderproblem der
         älteren deutschen Literatur. 180 S., Lwd., 1980.
Bd. 35   Weeks, The Paradox of the Employee. Variants of a Social Theme in Modern
         Literature. 160 S., Lwd., 1979.
Bd. 36   Mittelmann, Die Utopie des weiblichen Glücks in den Romanen Theodor
         Fontanes. 125 S., Lwd., 1980.
Bd. 37   Manyoni, Langzeilentradition in Walthers Lyrik. 128 S., Lwd., 1980.
Bd. 38   Helbig, G. E. Lessing: Die Erziehung des Menschengeschlechts. Ca. 88 S., Lwd.,
         1980.

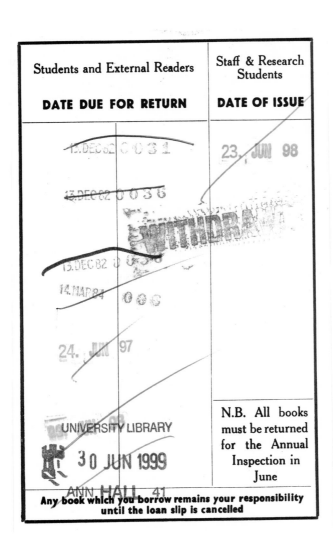

Die Utopie des weiblichen Glücks
in den Romanen Theodor Fontanes

Germanic Studies in America

(Supersedes German Studies in America)
Founded by Heinrich Meyer

Edited by Katharina Mommsen, Stanford, California

No. 36

PETER LANG
Bern · Frankfurt am Main · Las Vegas